BTS와
아미ARMY의
화양연화

花
樣
年
華

BTS와 아미ARMY의 화양연화花樣年華

충서忠恕와 신信으로 빚어낸 우리들의 이야기

초판 1쇄 발행 | 2025년 6월 28일

지은이	안보경
펴낸이	안호헌
에디터	윌리스
펴낸곳	도서출판 흔들의자
	출판등록　2011. 10. 14(제311-2011-52호)
	주소　　　서울특별시 서초구 동산로14길 46-14. 202호
	전화　　　(02)387-2175
	팩스　　　(02)387-2176
	이메일　　rcpbooks@daum.net(원고 투고)
	블로그　　http://blog.naver.com/rcpbooks

ISBN 979-11-86787-66-3 03190
ⓒ 안보경

충서忠恕와 신信으로 빚어낸 우리들의 이야기

BTS와
아미ARMY의
화양연화 花樣年華

안보경 지음

공자는 '충서忠恕'로 '인仁'을 이루라 했고
BTS와 아미는 그 가르침을 '신信'으로 이어 간다

흔들의자

또 한 번의 화양연화花樣年華,
함께 해낼 이야기

BTS가 완전체로 돌아왔다. 다시금 그들이 함께 만들어갈 새로운 '화양연화花樣年華'가 반갑기만 하다. 모두의 전역을 기다리는 동안, 남겨진 멤버들은 각자의 색깔로 활발한 활동을 이어갔다. 완전체는 아니었지만, 언제나 그들은 우리 곁에 있었다.

2024년 파리 하계 올림픽 개막식에서 대한민국이 "김치, 한복, 그리고 BTS의 나라"로 소개된 순간은 완전체의 BTS를 기다리는 우리들에게는 가슴 벅차오르는 감동의 시간이었다. '김치'와 '한복'은 한국을 대표하는 전통의 문화다. BTS는 현시대의 한국 문화를 상징한다. 전통과 현대가 조화를 이룬 바로 그 순간, 우리는 문화적 완전체를 마주했다.

'한강의 기적'에 이어 'K-문화의 기적'이 펼쳐졌다. 세계는 'K'라는 이름에 열광하고 있다. 그 중심에는 BTS가 있다. 전 세계 공연장에서 수많은 팬들이 밤을 지새우며 그들을 기다리고,

각국의 청소년들은 한국어로 노래하며 춤을 춘다. 전 세계인들이 자신의 방식으로 BTS를 품는다. 심지어 보수적인 이슬람 국가 사우디아라비아에서도 그들의 공연은 뜨거운 환영을 받았다. 리야드의 스타디움이 보랏빛으로 물들던 밤, 히잡과 니캅을 쓴 여성들이 마음껏 환호했다.

> *"방탄소년단이 우리의 삶을 바꾸어 놓았어요."*
> *"그들의 음악을 들으며 나를 돌아보게 되었고,*
> *다른 삶을 꿈꾸게 되었어요."*

이 고백은 그저 팬심이라 부르기엔 부족한, 변화의 이야기이며, 공감의 언어였다.

BTS는 문화를 존중하고, 신념을 배려했다. 공연의 무대와 안무, 의상은 율법과 문화적 맥락을 고려해 조율되었다. 상대를 향한 존중, 그리고 진심 어린 배려였다. 이는 유가 윤리의 핵심인 '충서忠恕'를 떠올리게 한다.

BTS와 팬덤 아미ARMY의 관계는 일방향이 아니다. 이해와 공감, 신뢰와 존중이 순환하며 지속된다. 새 음원이 발표될 때마다 세계 각국의 '아미'들은 즉각적인 응답으로 화답한다. 수치로 보이는 조회 수와 다운로드는, 사실 진심이 담긴 메시지다. BTS는 이에 더욱 마음을 다해 보답하려고 노력한다. 이 관계의 바탕에는 '충서忠恕'와 '신信'이 있다.

유가 윤리는 도덕의 실천을 중시하며, '사람의 도리'를 삶 속에서 구현하려 한다. '충忠'은 한 사람에게 온 마음을 다하는 것이고, '서恕'는 타인의 마음을 내 마음처럼 여기는 것이다. 그것은 곧 공감과 존중, 그리고 배려의 윤리다.

하지만 지금 우리는, 도덕이 그리운 시대를 살고 있다. '따뜻한 눈빛', '서로를 이해하려는 마음', '다름을 인정하는 태도', '함께 살아가려는 의지'와 같은 고귀한 것들이 점점 더 보기

어려워졌다. 그렇기에 BTS와 아미^{ARMY} 사이에서 마주하는 도덕성과 윤리적 정신의 가능성은 더욱 소중하다. 이 책은 그 가능성과 실천을 따라간 기록이다.

도덕과 윤리의 정신을 다시 꺼내야 할 때다. '충서^{忠恕}'와 '신^信', 그리고 공감과 이해, 배려와 존중이 우리 삶의 나침반이 되어야 한다. 도덕의 힘이 공동체를 단단히 잇는 자본이 될 수 있다는 것을 함께 나누고 싶다.

이 책은 '도덕성과 윤리적 연대'에 대한 믿음에서 출발했다. 이 여정을 가능하게 만든 BTS와 전 세계 아미^{ARMY}, 그리고 사랑하는 가족에게 깊은 감사를 전한다.

우리가 함께 해낼 또 한 번의 '화양연화^{花樣年華}'를 위해

RUN! RUN! RUN! BTS!
호위하라 아미ARMY!

I

BTS의 성공에
꽃을 피워준 아미ARMY

01

BTS와 아미ARMY를
유가 윤리로 읽다

2019년, 평균 나이 25.7세의 일곱 청년이 UN의 본회의장 단상에 섰다. 그들은 전 세계를 향해 이렇게 외쳤다.

"자신의 목소리를 내 보세요(Speak Yourself)."
_RM, 2019

이 짧은 메시지는 어려운 단어 하나 없이도 큰 울림을 전했다. "자기 내면의 소리를 들어라. 자신의 소리에 귀 기울여라. 그리고 외쳐라. 자신을 사랑하는 것이야말로 모두를 사랑할 수 있는 것의 시작이다."

대한민국 일산에 산다는 스물여섯 청년의 이 호소는 외로움 속에 살아가던 세계 청년들의 마음을 움직였다. 그들은 자신을 '평범한 사람들'이라 소개했지만, 현재 이들은 4천 만에서 7천만 명에 이르는 전 세계 공식 팬덤 아미ARMY를 가진 세계적인 아티스트 BTS다(BTS 공식 계정 통계, 2025). 이미 2018년 《TIME》지는 그들을 "세계 최고의 거물급 보이밴드"라 평했고 (Bruner, 2018)[1], 이후 빌보드 앨범 차트 1위, 싱글 차트 1위 등 한국 대중음악사의 새 역사를 써 내려갔다.

흔히들 BTS의 성공 요인을 그들의 진정성 있는 가사, 서사 구조를 갖춘 앨범과 콘서트, 팬과의 활발한 소통, 그리고 아미ARMY의 전폭적인 지지에서 찾는다(경제주평, 2019.06.05).[2]

이는 타당한 분석이다. BTS의 지속적인 성공은 수치나 열기를 넘는 감동에서 비롯되었다. 하지만 무엇보다도 그 중심에는 음악이 주는 도덕적이고 감정적인 울림이 있다. 이 감동과 울림이 있기에, 팬들은 쉽게 흔들리지 않고 오래도록 함께할 수 있는 힘을 얻는다.

1) 《TIME》, 《Guinness World Records》 등 외신 언급, 예: 《TIME》의 "세계 최고의 거물급 보이밴드" 평가 (Bruner, 2018), 출처: 《TIME》, Bruner, 2018
2) 《경제주평》, 2019.06.05. 인용, BTS의 성공 요인에 대한 분석, 출처: 《경제주평》, 2019.06.05.

BTS의 음악은 아이돌 음악에서 출발했지만, 이후 대중음악을 넘어 사회적·예술적·경제적 담론을 선도하는 문화생산자로 자리매김했다. 그들의 음악은 감정을 일깨우고, 정서를 순화하며, 삶의 의미를 묻는 도덕 교육적 기능을 수행하고 있다.

바로 이 지점에서, 우리는 BTS와 아미ARMY의 관계를 유가의 윤리 개념인 '충서忠恕'와 '신信'을 통해 읽어낼 수 있다. 이들은 음악을 통해 감정을 교류하고, 공연과 SNS로 끊임없이 소통하며, '진실성', '신뢰', '공감'이라는 도덕 가치를 실천한다.

유가 사상에서 음악은 인간의 감정을 순화하고, 본성의 순수함을 회복시키는 교화의 수단이다. 공자는 "풍속을 교화시키는 것은 음악보다 좋은 것이 없다[『孝經효경·廣要道광요도』: 移風易俗이풍역속, 莫善於樂막선어악]"고 했다. BTS는 이러한 음악의 윤리적 기능을 체화하며, 팬들과의 연대에서도 도덕적 가치를 실현하고 있다.

이처럼 BTS와 아미가 경험하는 지지와 응원, 감정 교류의 흐름은 일회적·감성적 유대가 아닌 '도덕적 연대'로서 작동한다. 이는 그저 '팬과 스타'라는 도식적 관계를 넘어, 서로의 윤리적 책임과 공감 속에서 공동체로 진화하고 있다. 결국 BTS와 아미ARMY는 도덕적 힘으로 맺어진, 흔들림 없는 '천하무적天下無

歐'의 관계라 할 수 있다.

인간은 문화를 창조하고 그 가치를 공유하는 존재다. 문화는 즐기기 위한 소비재가 아니라, 모두를 위한 공공성과 윤리성을 지닌 자산이다. 대중음악이 '대중의 문화'로서 정당성을 갖기 위해서는 예술성과 함께 도덕적 책임 의식이 전제되어야 한다(Adorno, 2003).[3]

모든 예술이 가치 있는 것은 아니다. 예술성과 교육성을 동시에 갖춘 음악만이 인간의 삶을 풍요롭게 하고, 긍정적인 사회적 기능을 수행할 수 있다. 대중의 정서와 도덕적 욕구를 반영할 때, 음악은 예술성과 대중성을 함께 충족할 수 있다(Dewey, 2001; Adorno, 2003).[4]

BTS는 이 기준을 충족하는 대표적인 사례다. 그들의 음악은 감정과 정서를 순화시키며, 도덕적·교육적 효과를 지닌다. 창작인으로서의 자부심과 소명 의식은 이들의 음악을 더욱 고귀하게 만든다.

---

3) Theodor W. Adorno, Essays on Music, ed. Richard Leppert (University of California Press, 2003).
4) John Dewey, Art as Experience (New York: Perigee Books, 2001); Theodor W. Adorno, Essays on Music, ed. Richard Leppert (University of California Press, 2003).

따라서 도덕적 가치를 예술로 실현하려는 창작인이 더 많이 등장한다면, 우리는 제2, 제3의 BTS를 충분히 기대할 수 있다.

세계적인 성과를 이룬 BTS와 오늘의 K-문화 관계자들에게 요청한다.
"도덕과 윤리의 정신을 담아, 도덕적 책임감이라는 사명으로 K-문화를 세계에 전해 달라고."

02

BTS라는 이름의 의미

BTS(방탄소년단)는 2013년 6월 12일, 싱글 앨범 《2 COOL 4 SKOOL》로 데뷔한 7인조 남성 아이돌 그룹이다. 이들은 빅히트 엔터테인먼트(현 빅히트 뮤직, BIGHIT MUSIC)에 소속되어 있으며, RM(리더), 진, 슈가, 제이홉, 지민, 뷔, 정국으로 구성되어 있다.

데뷔 당시 K-POP 시장은 이미 대형 기획사들이 주도하고 있었고, 빅히트는 비교적 소규모 기획사였다. 그러나 BTS는 기존 산업 구조의 벽을 허물고 '글로벌 슈퍼스타'로 성장해 나간다(BTS 공식 홈페이지, 2025).

'방탄소년단防彈少年團'이라는 이름에는 특별한 의미가 담겨 있다. "총알을 막아낸다"는 이름처럼, 사회가 10대들에게 쏘아 대는 편견, 차별, 억압의 총알을 음악으로 막아내겠다는 이들의 다짐이 그 안에 있다. 이는 그저 홍보를 위한 말이 아닌, 그들의 음악과 메시지를 통해 꾸준히 드러난 현실 인식과 윤리적 태도였다. BTS는 데뷔 때부터 '청춘의 목소리'를 자처하며, 자신의 서사를 진솔하게 풀어냈다.

BTS의 초기 음악은 힙합에 뿌리를 두고 있다. 멤버 슈가, RM, 제이홉은 자작곡과 랩 메이킹에 적극 참여하며, 아이돌 그룹으로서는 드물게 자신들의 이야기를 음악으로 표현해 왔다. 이들은 '학교 3부작' 시리즈를 통해 10대의 꿈과 좌절, 방황을 다뤘고, 이후 '화양연화' 시리즈에서는 청춘의 찰나성과 아름다움을 노래했다. 《쩔어》, 《불타오르네》, 《피 땀 눈물》, 《봄날》, 《DNA》 등은 대중성과 예술성을 동시에 인정받았고, 이들의 음악은 세계 청년 세대의 감정에 깊이 공감하며 전 세계적인 반향을 일으켰다.

BTS는 '아이돌'이라 불리는 위치에 머무르지 않고, 자신들만의 메시지와 정체성으로 세계와 깊이 있게 소통해 왔다. 이들은 일관된 세계관을 중심으로 음악, 뮤직비디오, 앨범 구성, 무대 연출을 치밀하게 기획했다. 특히 'BTS Universe(BU)'로 알려진 독자적인 세계관은 팬들에게 설정 그 이상, 하나의 이야기로 구성된 우주로 받아들여졌다. 이는 팬들을 수동적인 소비자가 아닌, 능동적인 해석자이자 공동체의 구성원으로 변화시켰고, 그렇게 팬덤 아미ARMY가 형성되었다.

BTS의 글로벌 성장은 놀라운 속도로 이루어졌다. 2018년, 앨범 《LOVE YOURSELF 轉 'Tear'》와 《LOVE YOURSELF 結 'Answer'》가 미국 'Billboard 200' 차트에서 1위를 기록하며 미국 시장에 성공적으로 진입했다. 이후 《Dynamite》, 《Butter》 등의 영어 싱글은 'Billboard Hot 100' 1위를 차지하며 세계적 팝 스타로 자리매김했다. 2020년 유엔 총회 연설과 2021년 백악관 활동은, BTS가 문화예술인의 정체성을 넘어, 글로벌 담론에 참여하는 문화 외교사절로 자리매김했음을 보여주었다.

이들이 만들어낸 경제적 파급효과도 주목할 만하다. 현대경제연구원은 2014년부터 2023년까지 BTS가 창출한 경제효과를 약 56.2조 원으로 추산한다. 이는 한국 GDP의 일정 부분에 해당하는 규모이며, 《Fortune》 등 해외 매체들은 BTS의 상표가치와 문화산업 내 영향력을 높이 평가한다.

그러나 BTS가 걸어온 길은 결코 순탄치 않았다. 데뷔 초

이들의 소속사는 규모가 작았다. 작은 소속사 그룹은 음악방송 출연에 한계가 있었다. 때문에 BTS는 언론의 조명을 받기보다 팬들과의 직접적인 온라인 소통을 통해 차근차근 지지 기반을 쌓아갔다. 프로듀서 방시혁은 대형 기획사 중심의 구조를 넘기 위해 두 가지 전략을 세웠다.

첫 번째는 지상파 중심의 기존 홍보 루트를 벗어나 블로그, 유튜브, SNS 등 온라인 채널을 적극 활용한 것이었고, 두 번째는 음악 스타일의 과감한 전환이었다. '방탄밤'과 '달려라 방탄', 연습실 직캠, SNS 콘텐츠 등은 연예인과 팬을 넘어선 '동료' 혹은 '공동체'의 관계를 만들어냈다.

음악적 측면에서도 기존 아이돌 음악의 공식에서 벗어났다. 국내 중심의 댄스곡 일색인 시장에서 BTS는 미국과 유럽의 트렌드를 반영한 라틴팝, EDM 등 새로운 스타일을 시도했다. 이들은 힙합과 EDM을 접목시킨 음악과 K-POP 특유의 군무로 영미권 팬들의 호응을 이끌어냈고, 해외 반응이 먼저 국내로 확산하며 점차 대중적인 인기를 얻었다.

이들의 성장은 음악을 넘어선, 하나의 문화적 움직임이었다. BTS는 팬들과의 공감과 윤리적 연대를 바탕으로 '문화적 공동체'를 만들어냈다. 아미[ARMY]는 팬클럽을 넘어, BTS의 메시지를 지지하고 함께 실천하는 윤리적 연대체다. Black Lives

Matter 운동에의 기부, UNICEF와의 'LOVE MYSELF' 캠페인 등에서 보여준 팬들의 자발적 참여는, BTS의 메시지가 대중문화를 넘어선 윤리의 언어로 작용하고 있음을 보여준다.

BTS는 여전히 그들의 여정을 계속 이어가고 있다. 그들은 '아이돌'이라는 틀에 갇히지 않았다. 음악과 이야기, 윤리와 공감의 언어로 세계와 소통하는 동시대의 문화 주체다. 일곱 명의 청년이 만들어낸 진심 어린 울림은 이제 전 세계로 퍼져나가며, "우리가 함께 만들어 가는 이야기"로 계속되고 있다.

03

BTS와 아미ARMY의 소통 문화

BTS는 아미ARMY와의 소통을 온라인을 통한 비대면 방식과 팬미팅이나 공연을 통한 대면 방식으로 병행해 왔다. 비대면 방식은 실시간으로 전 세계 팬들과 교류할 수 있다는 이점이 있으며, 대면 방식은 시간과 공간을 함께하면서 서로의 존재를 오감으로 확인할 수 있다는 '실재성'의 강점을 지닌다. 특히 대면 공연은 공연자와 팬이 눈을 마주치고 숨결을 교환하는, 생생하고 살아 있는 관계의 장이다.

공연자는 공연장에서 팬덤의 동원력과 반응을 직접 체감하고, 팬들은 무대 위 아티스트에게 사랑을 전하며 자신의 감정을 실시간으로 확인받는다. 이 공간은 팬들의 애정과 몰입, 참여와 차별화 욕망이 집약적으로 드러나는 특별한 장소이며, 팬과 스타 간의 유대와 정체성이 감정적으로 증명되는 공간이기도 하다.

팬들에게 공연장은 일상과 국경을 넘어, 같은 감정으로 연결된 공동체의 현장이다. 그들은 무대 위 아티스트를 향한 응원을 통해 사랑을 표현하고, 그 사랑이 되돌아오는 순간을 체험하면서 자신의 정체성과 그 사랑의 의미를 다시금 묻게 된다.

특히 팬들은 자신이 응원하는 가수와 감정적으로 동일시하고자 하는 경향이 있으며, 이러한 감정은 공연장에서 '완창'이라는 방식으로 표현된다. '완창'은 그저 따라 부르는 행위가 아니다. 아티스트의 감정과 메시지를 자신의 것으로 흡수해 재현하려는 몰입의 실천이다. 이는 학습의 결과이자 깊은 애정의 표현이며, 사랑의 실천이다.

또한 팬들은 '떼창'을 통해 각자의 목소리를 하나의 집합적 감정으로 모아낸다. '떼창'은 감정이 하나로 모이는 동기화의 순간이며, 윤리적 연대가 형성되는 한 방식이다. 이러한 감정 교류가 반복되면 '떼창'은 하나의 문화로 자리 잡고, 이 문화는 공감·신뢰·몰입이라는 '도덕 감정'이 작동하는 공동체를 형성하게 된다.

BTS와 아미^{ARMY}의 관계는 이 감성적 도덕의 가능성을 증명한다. 우리는 '떼창' 속에서 함께 노래하고, 울고 웃으며 서로의 마음을 비추는 존재가 되었다. 바로 그 순간, 우리는 윤리적 존재가 된다. BTS의 음악은 그런 거울이 되었고, 아미^{ARMY}는 그 거울 속의 또 다른 자신을 사랑하는 법을 배워갔다.

'떼창'은 이러한 감정적 공명의 집단적 실천이다. 이것이 곧 『도덕 감정론』⁵⁾에서 아담 스미스^(A. Smith, 1723~1790)가 말한 "타인의 감정에 감응하며 도덕 판단을 형성하는 능력"을 실제로 구현한 사례다. 다시 말해 '공감'이 개인의 도덕 판단을 이끌고, 그것이 집단적으로 표출될 때 윤리적 행동의 실천 모델이 된다.

'떼창'은 음악적 응원을 넘어서, 도덕 감정이 집단으로 공유되고 가시화되는 상징적 문화가 된다. 이 속에서 '소통'은 단순한 정보 전달을 넘어 감정과 윤리가 결합 된 '살아 있는 도덕'으로 승화된다.

BTS는 지난 10년 동안 멤버들의 서사를 담은 앨범을 지속

---

5) Smith, Adam. The Theory of Moral Sentiments. Edited by D. D. Raphael and A. L. Macfie, Liberty Fund, 1982. (Originally published 1759)

적으로 발표하며, 전 세계 18개국 이상에서 140여 회에 이르는 공연을 진행해 왔다. 일본 투어에서는 21만 명, 2019년 미국 공연에서는 총 32만 명을 동원했고, 영국 런던의 웸블리 스타디움에서는 '퀸'과 '비틀스'에 이어 K-팝 최초로 공연을 펼쳤다. 또한 아시아 최초로 사우디아라비아 킹파드 인터내셔널 스타디움에서 공연을 성사해 내기도 했다.

사우디 공연 당시 팬들은 니캅·히잡·차도르를 착용한 채 '아미밤'을 흔들며, 국적과 문화를 넘어선 감정적 몰입과 '떼창'으로 화답했다. 이는 윤리적 공감이 문화적 차이를 초월할 수 있음을 보여주는 감동적인 사례였다.

2020년 코로나19 팬데믹 이후 BTS는 온라인 콘서트로 전환했고, 6월 14일 열린 '방방콘 더 라이브'는 107개 지역에서 약 75만 6천여 명의 유료 관객이 실시간으로 접속하여 공연을 시청했다. 이는 5만 명 규모의 스타디움 공연 15회 분량에 해당하는 규모로, 시간과 공간을 초월한 감정의 연결이 이뤄진 순간이었다. 이 기록은 '기네스 세계 기록'에도 등재되었다.

BTS는 SNS, 트윗, 유튜브를 통해 일상을 공유하고, 무대 뒤 연습 장면과 안무를 팬들과 나누며 진정성 있는 삶의 단면을 드러냈다. 이러한 진정성은 팬과의 신뢰를 구축하고, BTS라는 존재에 대한 정서적 공감의 기반이 되었다.

'소통'은 정보를 주고받는 데 그치지 않는다. 감정을 나누고 마음을 잇는 윤리적 실천이다. 인간은 소통을 통해 잃기 쉬운 자아를 되찾고, 서로의 감정을 비추는 거울로 거듭난다.

이러한 소통은 마침내 '도덕공동체'를 형성하며, 팬들은 BTS를 향한 신뢰와 사랑을 아미ARMY라는 이름 아래 자발적인 책임감과 윤리적 의무로 확장해 나간다. 이러한 책임감은 스타를 향한 응원이 아니라, 서로를 지키고 함께 살아가는 윤리를 실천하려는 의지의 표현이다.

BTS와 아미ARMY의 소통은 그 자체로 특별하다. 전형적인 팬과 가수의 관계를 넘어, 공감과 존중을 바탕으로 한 도덕적 연대의 모범이다. 그 바탕에는 한국 사회의 안정된 온라인 네트워크가 있었다. 이제는 누구나 콘텐츠를 만들고 공유할 수 있는 시대다. 하지만 콘텐츠가 과잉 생산될수록, 그 안에 담긴 도덕성과 감정적 윤리가 더욱 중요한 판단 기준이 된다.

오늘날 우리는 쉽고 빠르게 정보를 주고받고, 콘텐츠를 만들 수 있는 시대에 살고 있다. 이러한 이유로 콘텐츠에 담긴 감정의 진정성과 윤리성은 오히려 더 중요한 시대가 되었다.

특히 A.I가 제작한 콘텐츠의 경우에는 더욱 그렇다. A.I가 생산해 내는 콘텐츠는 감정을 모방할 수는 있어도, 인간의 도덕 감정을 섬세하게 구현하기는 어렵다. 우리는 지금, 감성과 윤리를 담은 창작물, 즉 감성적 도덕이 구현된 콘텐츠의 필요성과 마주하고 있다.

모두가 조금씩 감정의 윤리를 품을 수 있다면, 세상은 분명 더 따뜻한 방향으로 나아갈 수 있다. 그리고 우리는 그 길을 이미 함께 걸어본 경험이 있다.

04

'문화생산자'가 된 아미,
BTS와 함께 만들다

BTS의 세계적 성공 뒤에는 언제나 아미ARMY가 있었다. 2019년 5월, BTS는 한국 최초로 트위터 팔로워 2,000만 명을 돌파했고, 2025년 현재 유튜브 7,920만, 인스타그램 7,548만, X(구 트위터) 4,474만의 팔로워를 기록하고 있다. 이처럼 전 세계 팬덤은 멤버들의 솔로 활동과 더불어 지속적으로 확장되고 있다(BTS 공식 유튜브 및 SNS 계정, 2025년 3월 기준).

아미ARMY는 2013년 7월 9일 공식 팬카페 투표를 통해 탄생한 이름이다. 'ARMY'는 군대라는 의미 외에도, 'Adorable Representative M.C for Youth'로 해석되며, 청춘을 위한 사랑스러운 대변인을 뜻한다. 2013년 12월 1기 팬클럽 모집과 함께 정식 출범한 아미[ARMY]는 2025년 현재 약 4,000만 명 이상이 활동 중이다.

'아미'는 팬의 경계를 넘어, 새로운 문화적 연대를 이끌고 있다. BTS의 활동을 홍보하고 지지하는 것은 물론, 기부와 봉사 등 사회적 실천에도 적극적으로 참여하고 있다. 특히 '탈지역성'을 특징으로 하는 '아미'는 전 세계에 걸쳐 구성되어 있으며, 이는 다양한 국적과 문화적 배경이 다름에도 팬들 간의 소통은 매우 활발하다. BTS의 주요 발표와 활동 시기에는 수만 개의 실시간 댓글과 해시태그가 온라인을 가득 채운다.

이러한 소통의 기반은 온라인 네트워크다. 온라인 플랫폼은 시공간의 제약 없이 반복적이며 다면적인 접촉을 가능케 했다. 팬들은 유사한 방식으로 BTS를 지지하고 콘텐츠를 확산시킨다. '외랑둥이'로 불리는 해외 팬들도 깊은 애정을 나눈다. 아미의 활동은 빅히트 뮤직의 팬 친화적 운영 방식과 BTS에 대한 신뢰를 바탕으로 이루어진다.

온라인 소통은 '상호성相互性'과 '호혜성互惠性'을 바탕으로 하며, 이는 '평등성平等性'의 감각을 형성했다. 그러나 온라인 공간의 익명성과 자율성은 윤리적 문제를 야기할 수 있다. 익명성은 새로운 소통의 가능성을 열지만, 동시에 타인에 대한 책임 없는 공격을 유발하기도 한다. 자율성 또한 개인의 성숙도에 따라 그 결과가 달라지며, 성숙하지 못한 자율성은 사회적 해를 일으킬 수 있다. 따라서 온라인 공동체에서도 오프라인 못지않은 도덕성이 요구된다.

도덕은 갈등을 조정하고 사회를 아름답게 만드는 힘이다. 온라인 참여자들 역시 도덕적 행동과 성찰적 윤리관을 내면화할 필요가 있다.

BTS와 아미는 이러한 온라인 환경 속에서 문화적 네트워크를 형성해 왔다. 네트워크의 쉬운 접근성은 팬덤의 성장과 강화에 기여했고, 그 속에서 팬들은 단순 소비자가 아닌 '문화생산자'로 거듭났다. 아미는 BTS의 음악과 굿즈를 사랑하고 향유하는 데 그치지 않고, 콘텐츠를 재창조하고 함께 나누며 능동적으로 문화 생산에 참여했다. SNS를 통한 소통은 관계를 맺고 유지하는 데 큰 역할을 했다.

BTS는 이런 흐름을 간파하고 SNS 기반 홍보 전략을 적극적으로 활용했다. 기존 미디어 시스템의 한계를 넘어서기 위해, SNS와 영상 콘텐츠를 중심으로 팬들과 실시간으로 소통하며 새로운 팬덤 문화를 개척했다. 특히 힙합과 EDM을 결합한 음악과 정교한 군무는 영상 콘텐츠의 강점을 극대화했다. 이는 전 세계 10대와 20대의 감성을 자극했고, 몰입감 높은 콘텐츠로 이어졌다. '군무'는 하나의 안무가 아니라, 서로의 관계를 감각하고 조화를 이루는 예술적 행위다. BTS는 이를 통해 타자와의 관계를 섬세하게 그려냈다.

그 결과, BTS는 2017년과 2018년 연속으로 세계에서 가장 많은 리트윗을 기록한 연예인이 되었으며, 트위터 최다 활동 음악 그룹으로 기네스북에 등재되었다. 유튜브와 페이스북을 활용한 앨범 공개는 전 세계 팬들로 하여금 동시에 소비가 가능한 새로운 유통 구조를 만들어냈다. 이는 K-POP 콘텐츠 생산과 유통 방식에 새로운 전환점을 제공했다.

2019년 발표한《작은 것들을 위한 시》는 유튜브 1억 뷰를 37시간 37분 만에 달성하며 당시 세계 최단 기록을 세웠다. 2020년 영어 싱글《다이너마이트》는 '스포티파이' 글로벌 차트 1위, 발매 당일 770만 스트리밍을 기록하며 다시 한번 역사를 썼다. 이러한 기록은 단순히 인기의 산물이 아니라, BTS와 아미가 함께 구축해 온 '참여형 문화 생산 공동체'의 성취였다(Guinness World Records 공식 웹사이트, 2020).

음악이 만드는 도덕의 화음

'선진先秦'시대의 유자들은 삶의 의미를 '도가道家'나 '불가佛家' 처럼 현실 너머에서 찾지 않았다. 그들은 철저히 현실 속 관계 에서 삶의 의미를 발견하고자 했다. 유자들은 인간 개인의 문제 와 인간관계의 형성과 유지에 대한 고민을 도덕과 윤리를 통해 해결하려 했다. 이처럼 도덕과 윤리는 인간의 행위와 그 근거를 다루는 사회적 산물이며, 인간이 도덕적 삶을 살아가는 데 필요 한 기본 원리이다.

유가에서 말하는 도덕은 '도道와 덕德'의 합성어로, '도'는 인간이 마땅히 따라야 할 당위적 도리를, '덕'은 그 도리를 행함 으로써 획득하는 인간 본연의 품성을 의미한다.

『禮記예기』에서는 음악을 "윤리를 통하게 하는 것[『禮記예기』·

樂記^{악기}』: 樂者^{악자}, 通倫理者也^{통윤리자야}"이라 하며, 인간이 지켜야 할 기본적인 규범으로 간주했다.

주희^(朱熹 1130~1200) 또한 "윤리란 사물이 각각 그 이치를 가지고 있는 것[『禮記大全^{예기대전}·樂記^{악기}』: 倫理^{윤리}, 事物之倫類^{사물지윤류}, 各有其理也^{각유기리야}]"으로 해석했다.

유자들은 수기^{修己}와 치인^{治人}을 통해 인간 내면의 도덕성을 연마하고, 사회적으로는 도덕 정치의 실현을 목표로 삼았다. 이를 기능케 히는 수단 중 하나가 바로 '예악^{禮樂}'이었다.

예술로서의 음악은 인간의 심성에서 비롯된 자연스러운 표현으로([『禮記^{예기}·樂記^{악기}』: 凡音者^{범음자}, 生人心者也^{생인심자야}], 인간의 본질을 드러내는 방식이다. 음악은 미적 쾌락을 넘어서 인간의 감정을 순화하고 공동체의 조화를 도모하는 도구로 여겨졌다. 『禮記^{예기}』에는 "음악은 천지의 조화요, 예는 천지의 질서[『禮記^{예기}·樂記^{악기}』: 樂者^{악자}, 天地之和也^{천지지화야}; 禮者^{예자}, 天地之序也^{천지지서야}]."라고 하여, 음악이 사회 질서와 도덕 구현에 이바지함을 강조한다. 그래서 선왕들은 "예악으로 다스려 사람들을 절도 있게 할 수 있다[『禮記^{예기}·樂記^{악기}』: 是故^{시고}, 先王之制禮樂^{선왕지제예악}, 人爲之節^{인위지절}]."고 생각했다.

공자^(孔子 BC.551~BC.479)는 특히 음악의 교화적 기능을 강조하며, 예와 악을 도덕 정치를 실현하는 핵심 작동 원리로 보았다. 그는 "시로 흥기하고, 예로 서며, 악으로 완성한다[論語논어·泰伯태백』: 子曰자왈: "興於詩흥어시, 立於禮입어례, 成於樂성어악]."고 하여, 인격 수양의 완성은 음악에 있다고 여겼다.

공자가 "소(韶) 음악을 듣고, 3개월이나 고기가 생각나지 않았다[『論語논어·述而술이』: 子在齊聞韶자재제문소, 三月不知肉味삼월부지육미. 曰: 不圖為樂之至於斯也부도위악지지어사야]."고 말한 대목은 음악이 인간의 정서에 깊은 감동을 줄 수 있는지를 잘 보여준다.

전국시대의 순자(荀子 BC.476~BC.221) 또한 음악의 공적 기능을 높이 평가했다. 그는 "음악은 천하를 조화롭게 하는 가장 큰 기틀이며, 인간 감정에 반드시 필요한 것이다[『荀子순자·樂論악론』: 樂者악자, 天下之大齊也천하지대제야, 中和之紀也중화지기야, 人情之所必不免也인정지소필불면야]."라고 하였다.

또한 음악은 인간의 감정을 빠르게 변화시키고, "바르고 화평한 음악은 백성들을 화합하게 하며 방탕으로 흐르지 않게 한다[『荀子순자·樂論악론』: 夫聲樂之入人也深부성악지입인야심, 其化人也速기화인야속, 故先王謹為之文고선왕근위지문. 樂中平則民和而不流악중평즉민화이불류]."고 강조했다.

순자는 음악의 즐거움이라는 본래 속성을 인정하면서도, 그
것이 인간 본성을 변화시키는 힘으로 작용한다고 보았다. "음악
은 즐거운 것이다. 사람의 감정에는 반드시 없어서는 안 되므로
사람은 음악 없이는 살 수 없다. 즐거움은 곧 목소리로 나타나
며, 움직일 때나 고요할 때도 드러난다. 그래서 사람의 목소리
와 움직임, 정지는 모두 음악으로 인해 변화한다[『荀子순자·樂論
악론』: 夫樂者부악자, 樂也락야, 人情之所必不免也인정지소필불면야.
故人不能無樂고인불능무악, 樂則必發於聲音락즉필발어성음, 形於動
靜형어동정; 而人之道이인지도, 聲音動靜성음동정, 性術之變盡是矣
성술지변진시의]."

순자는 음악이 감정을 교화하고 공동체의 조화를 끌어내
는 도구로서 도덕적 기능을 수행한다고 보았다. "음악은 조화를
이루어 나가는 것이다[『荀子순자·勸學권학』: 樂之中和也악지중화
야 ;『荀子순자·儒效유효』: 樂言是其和也악언시기화야]."라는 말처럼,
음악은 개인의 감정을 표현하는 것을 넘어 사회를 바람직한
방향으로 이끄는 힘을 가진다.

이처럼 유가에서 음악은 단순히 아름다움을 추구하는 예술
이 아니라, 인간의 감정을 정화하고 도덕성을 함양하며 공동체
의 질서와 조화를 실현하는 교육적이고 윤리적인 기능을 수행
한다.

그러나 음악이 언제나 순기능만을 하는 것은 아니다. 폭력적이고 선정적인 음악은 인간과 사회에 해악害惡을 끼칠 수 있다. 따라서 음악이 삶의 변화를 이끄는 동력으로 작용하기 위해서는, 음악이 지닌 도덕적이고 교육적인 순기능을 확장하는 데 더욱 관심을 기울여야 한다.

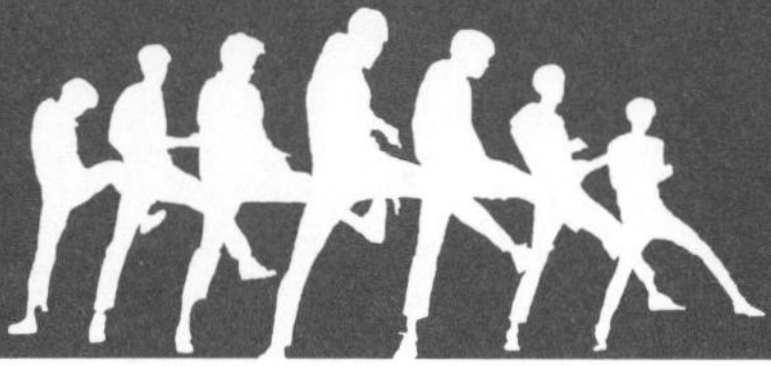

II

'충서忠恕'의 윤리 이해하기

01

유가 사상에서 본 '인仁'의 의미

인간의 삶에서 도덕과 윤리의 실천을 강조한 유가 철학의 핵심은 바로 '인仁'이다.

'인仁'은 인간 본성에 내재 된 도덕적 원리이자 모든 덕목을 아우르는 개념으로, 인간 존재의 방식이자 일상 속 행위로 드러나는 도덕의 근원이다. 이처럼 중요한 덕목인 '인仁'은 결코 하나로 고정된 개념이 아니다.

실제로 '인仁'에 대한 설명은 그것을 묻는 사람의 상황, 이해 수준, 그리고 행위 능력에 따라 달라진다. 예컨대 제자 번지樊遲가 '인仁'에 대해 묻자, 공자는 이렇게 대답했다. "사람을 사랑하는 것이다[『論語논어·顏淵안연』: 樊遲問仁번지문인. 子曰자왈 : 愛人애인]."

번지가 다시 묻자, 공자는 이렇게 말했다.

"거처할 때는 공손히 하고, 일을 할 때는 공경하게 하며, 사람을 대할 때는 성실하게 해야한다. 비록 오랑캐의 땅에 가더라도 이것을 버려서는 안 된다[『論語논어·子路자로』: 樊遲問仁번지문인. 子曰사왈 : 居處恭서처공, 執事敬집사경, 與人忠여인충. 雖之夷狄수지이적, 不可棄也불가기야]."

또 다른 제자가 '인仁'에 대해 묻자, 공자는 말했다.

"인한 사람은 어려운 일을 먼저 하고, 얻는 것은 나중에 한다. 그렇게 할 수 있다면, '인仁'이라 할 수 있다[『論語논어·雍也용야』: 問仁문인. 曰왈 : 仁者인자 先難而後獲선난이후획, 可謂仁矣가위인의]."

이처럼 '인仁'에 관한 공자의 가르침이 다양하게 나타나는 이유는, '인仁'이 상황에 따라 다르게 구현되는 '도덕의 표준'이자 '도덕적 선善'이기 때문이다. 특히 '도덕적 선善'은 일상에서 도덕을 실천할 때, 그때그때의 구체적 상황 속에서 드러나는 선함을 의미한다. 예를 들어 자식이 부모를 사랑하고 도리를 다하는 것은 '효孝'라고 하고, 어른에게 공손하게 행동하는 것은 '공경恭

敬'이라 한다. 우리는 이런 행위를 두고 "선善하다", "착하다"라고 말하지만, 결국 그것들은 모두 '인仁'의 발현이라 할 수 있다.

이처럼 일상에서 확인되는 '인仁'은 모든 인간의 본성 속에 자리한 것으로, 반성과 자각을 통해 행동으로 드러난다. 하지만 사람이면서도 '인仁'하지 못하고 '불인不仁'을 한다면, 그것은 '인仁'이 그 사람 안에 없어서가 아니라, 일시적으로 욕망에 가려져 '인仁'한 마음이 드러나지 않았기 때문이다. 결국 '인仁'은 자신 안에 내재 된 본질을 드러내는 것이며, 모든 인간은 본성적으로 '인仁'을 지니고 있다. 따라서 일시적인 욕망에 가려져 드러나지 않더라도, 누구든지 다시 실천할 수 있다.

공자는 다음과 같이 말했다.
"사람과 '인仁' 사이의 거리는 멀지 않다. 내가 그것을 실천하려고만 한다면, '인仁'은 바로 여기에 이른다[『論語논어·述而술이』: 子曰자왈 : 仁遠乎哉인원호재 我欲仁아욕인, 斯仁至矣사인지의]."

공자가 특히 아꼈던 제자 안연顏淵에게 가르쳐준 '인仁'은, 유가 도덕의 핵심과 그 출발점을 잘 보여준다.
안연이 '인仁'을 묻자 공자는 이렇게 답했다.
"자신을 이겨 '예禮'를 회복하는 것이 곧 '인仁'이다. 단 하루라도 스스로를 이겨 '예禮'를 회복한다면, 천하가 '인仁'에 돌아

갈 것이다. '인(仁)'을 행하는 것은 자신에게 달린 것이지, 남에게
달린 것이 아니다."

안연이 다시 조목을 묻자, 공자가 말했다.
"'예'가 아닌 것은
보지 말고(非禮勿視^{비례물시}),
듣지 말며(非禮勿聽^{비례물청}),
말하지 말고(非禮勿言^{비례물언}),
행하지 말라(非禮勿動^{비례물동})."

안연이 말하였다.
"제가 비록 민첩하지는 못하오나, 선생님의 말씀을 실천하
겠습니다[『論語^{논어}·顏淵^{안연}』: 顏淵問仁^{안연문인}. 子曰^{자왈} : 克己
復禮為仁^{극기복례위인}. 一日克己復禮^{일일극기복례}, 天下歸仁焉^{천하귀}
^{인언}. 為仁由己^{위인유기}, 而由人乎哉^{이유인호재} 顏淵曰^{안연왈} : 請問其
目^{청문기목}. 子曰^{자왈} : 非禮勿視^{비례물시}, 非禮勿聽^{비례물청}, 非禮勿
言^{비례물언}, 非禮勿動^{비례물동}. 顏淵曰^{안연왈} : 回雖不敏^{회수불민}, 請
事斯語矣^{청사사어의}]."

이처럼 '인(仁)'은 "사람을 사랑하는 것[愛人^{애인}]"이기도 하고,
"예가 아니면 하지 말라[四勿^{사물}]"는 실천 규범으로도 나타나
며, "말을 함부로 하지 않는다"는 자세로도 표현된다[『論語^{논어}·

顏淵^{안연}』：司馬牛問仁^{사마우문인}．子曰^{자왈}：仁者其言也訒^{인자기언}인]．"

유가의 '인^仁'은 사랑, 존중, 배려, 희생, 양보, 의로움 등 관계 속에서 드러나는 보편적인 도덕 정신이다. 공자는 '인^仁'이라는 도덕원리를 실천하게 함으로써, 인격을 완성할 수 있다는 가능성을 제시했다.

'인^仁'의 실천은 도덕적 행위의 표면을 넘어, 자아의 성숙과 공동체의 조화를 실현하는 깊은 윤리적 과정이다. 일반적으로 유가의 덕목, 특히 '인^仁'은 이론 중심의 철학이 아니라 실천을 중시하는 '행위의 철학'이다. '인^仁'을 실천하며 자신의 인격을 가꾸어 가는 과정은 '자아^{自我}'를 만들어 가는 여정이며, 그 결과는 '자아완성^{自我完成}'으로 이어진다. 이는 인간이 도덕적 완전성을 이루기 위한 궁극의 목표다.

'자아완성'은 수양을 통해 이뤄지며, 완성된 자아는 공동체의 조화와 안정을 이끄는 인격체가 된다. 인간은 자기 내면의 능력을 발휘해 도덕적 완전성을 추구함으로써 본성을 실현할 수 있으며, 그 과정에서 가족, 사회, 국가로 확장되는 관계망 속에서 '나'를 정의해 간다.

결국 개인의 도덕성은 사회 전체에 도달하는 '외화外化의 과정'이며, 도덕적 개인의 실천을 통해 이룩되는 사회야말로 가장 이상적인 사회다. 따라서 개인의 도덕성은 공동체를 가능하게 하는 가장 본질적 토대가 된다.

'충서忠恕'란 무엇인가

일반적으로 '충서忠恕'는 '인仁'을 실천하는 행위의 근본이며, 동시에 도덕 가치의 근원으로 알려져 있다. '충忠'은 내면의 도덕 기준을 자각하고, 그것을 실천하려는 마음가짐을 뜻한다. 한편 '서恕'는 도덕의무를 다한 '충忠'이 타인으로 하여금 적극적으로 봉사하고 선행을 실천하는 모습을 실재적으로 표현한다. 우리 사회에 '충서忠恕'의 윤리가 요구되는 것은 '충서忠恕'가 공동체 구성원들 사이에 배려와 나눔 그리고 보답을 실천하게 하는 '도덕 덕목'으로, '나'와 만물을 완성해 주는 공동체적 가치를 추구할 수 있는 덕목이기 때문이다.

'충서忠恕'는 서로의 마음을 이해하고 공감하는 윤리다. 이는 도덕적 행위자의 덕성을 기준으로, 타인의 마음을 내 마음처럼 헤아리며 행동하라는 실천적 원칙을 제시한다. 우리가 일상 속에서 남의 입장을 내 입장처럼 생각하고 행동한다면, 그 자체가 곧 '서恕'의 실천이 된다. 이러한 실천은 단지 타인을 위한 배려가 아니라, '충忠'을 통해 자기 자신을 바로 세우는 데서 출발한다. 그러므로 '충서'는 자기를 다하고, 그 마음을 타인에게까지 미루는 윤리라 할 수 있다. 따라서 '충서'는 모든 인간을 동등하게 존중하는 도덕원리를 바탕으로 한다. 이를 통해 우리는 서로에게 선을 베풀고, 윤리적 공동체로 나아갈 수 있다.

성리학자 주희(朱熹, 1130~1200)는 '충'과 '서'의 의미를 다음과 같이 설명한다.

'충忠'은 도의 본체이자 마음을 다하는 행위로, 어느 한쪽으로도 치우치지 않는 '중심[中+心]'의 상태를 뜻한다.

'서恕'는 '자기 마음과 같은 마음[如+心]'으로, 자신의 마음을 타인에게까지 확장하는 것을 의미한다[『論語集註논어집주·里仁이인』：或曰혹왈：中心爲忠중심위충, 如心爲恕여심위서, 於義亦通어의역통]."

다시 말해, '충'은 내 마음을 다하는 일이며, '서'는 그 마음을 타인에게 미루는 일이다[『論語集註논어집주·里仁이인』：盡己之謂忠진기지위충, 推己及人恕추기급인서]."

이 정의는 '충서'의 윤리를 보다 입체적으로 이해하는 데 중요한 토대가 된다.

주희의 설명은 '충서'가 단순한 심리 상태가 아니라 도덕 실천의 구체적 기준임을 보여준다. '충'은 자기 마음을 다하여 진실하고 성실하게 살아가는 자세를 뜻하며, '서'는 그 진심을 타인에게도 똑같이 적용하려는 확장된 마음의 태도를 의미한다.

이처럼 '충서'는 내가 중심이지만, 나로부터 타인에게 향하는 윤리다. 결국 '충서'는 인간 모두의 가치를 동등하게 인정하고, 서로를 공감하며 살아가게 하는 공존의 원리라고 할 수 있다.

그렇지만 '충서'는 타인을 위한 윤리 이전에, 자기 자신에 대한 윤리다. 남을 헤아리는 '서'는 단순한 감정 이입이 아니라, 내가 먼저 성실하고 진실하게 살아가야 가능해진다. '자기를 다하는 충'이 뿌리 깊게 자리 잡아야, 비로소 그 마음이 타인에게로 확장될 수 있기 때문이다. 공자가 말한 '인仁의 윤리' 역시 이 점을 강조한다. 진정한 도덕 행위자는, 자신을 바르게 세우고 남을 이해하며 함께 살아가는 존재다.

계속해서 주자는 말한다. "'충忠'은 자기의 마음을 다하기 때문에 조금의 거짓도 없고, 망령됨도 없이 단지 자기의 마음을

다하여 터럭만큼이라도 (성실함을) 다하지 않음이 없게 할 뿐
이니, 반드시 전부를 다해야만 비로소 다한 것이다. 만약 열 개
가운데 일곱 개는 다했고, 나머지 세 개를 다하지 못했다면 그
것은 '충忠'이 되지 못한다. '서恕'는 자기를 미루어 남에게 미치게
해서 각자가 하려고 하는 것을 얻게 하는 것이다. 내가 이와 같
이 한다는 것을 알았다면 남들도 또한 이와 같이 하려고 할 것
임을 생각한다. 그래서 지금 다른 사람도 이와 같이 하도록 하
지 않을 수가 없다. 세 번을 돌려서 보고 다섯 번을 보고 쪼개
보는 것이 곧 자기를 미루어서 남에게 미치게 하는 것이다[『朱
子語類주자어류·曾子曰증자왈·吾日三省吾身章오일삼성오신장』：朱子
曰주자왈：忠者충자, 盡己之心진기지심 無少僞妄무소위망 只是盡自
家之心지시진자가지심, 不要有一毫不盡불요유일호부진. 須是十分盡得
수시십분진득 方始是盡방시시진, 若七分盡得약칠분진득 三分未盡삼분미
진, 也是不忠야시불충. 恕者서자, 推己及物추기급물 各得所欲각득소욕
知得我是要恁地지득아시요임지, 想人亦要恁地상인역요임지, 而令不
可不敎他恁地이령불가불교타임지, 三反五折삼반오절 便是推己及物변
시추기급물]."

　　'충서忠恕'에 관한 설명은 『논어論語』와 「중용中庸」에 여러
번 언급된다. 여기서 '충서忠恕'는 공자와 그의 제자 증자曾子
(BC.505~BC.435)의 대화에서 엿볼 수 있다.

공자께서 말씀하셨다. "삼(증자의 이름)아! 나의 도는 하나가 모든 것을 꿰뚫은 '일이관지一以貫之'다." 증자가 "네!"라고 빠르게 대답했다. 공자께서 나가셨다. 문하의 제자들이 (증자에게) 물었다. "무엇을 말씀하신 겁니까?", 증자가 말했다. "선생님의 도는 '충서'일 뿐이다[『論語논어·里仁이인』: 子曰자왈 : 參乎삼호! 吾道一以貫之오도일이관지. 증자왈曾子曰 : 唯유! 子出자출, 門人問曰문인문왈 : 何謂也하위야 曾子曰증자왈 : 夫子之道부자지도, 忠恕而已矣충서이이의]."

공자는 '충서'의 정의를 직접 밝히지는 않았지만, 증자의 해석을 통해 우리는 그 의미를 유추할 수 있다.

한편, 『중용中庸』에서는 『논어論語』에 비해 '충서忠恕'에 대해 조금 더 구체적인 설명을 제시한다. 이 구절에서는 '충서忠恕'가 도道와 밀접한 관계에 있음을 강조하며, '자기에게 원하지 않는 것을 남에게도 베풀지 말라[『禮記예기·中庸중용』: 忠恕違道不遠충서위도불원, 施諸己而不願시저기이불원, 亦勿施於人역물시어인]."는 교훈을 통해 실천적 의미를 확립한다.

따라서, 『중용中庸』에서는 '충서忠恕'를 실천하는 것이 곧 '도道'를 실천하는 것과 별 차이가 없다는 중요한 교훈을 전달한다.

그런데도 『논어論語·위령공衛靈公』에서는 흥미롭게도 '서恕'만을 다룬다.

　자공이 여쭈었다. '선생님, 평생토록 지켜야 할 한 가지 말씀이 있으신가요?' 공자께서 답하셨다. '아마도 '서恕'일 것이다. 자기가 원하지 않는 것은 남에게도 베풀지 말거라[『論語논어·衛靈公위령공』: 子貢問曰자공문왈 : 有一言而可以終身行之者乎유일언이가이종신행지자호 子曰자왈 : 其恕乎기서호! 己所不欲기소불욕, 勿施於人물시어인][6)

　'충서忠恕'에 대한 공자의 설명은 간결하다. 그런데도, '서恕'의 의미는 『중용中庸』에서 설명하는 '충서忠恕'의 의미와 유사함을 알 수 있다.

　『논어論語』와 『중용中庸』을 통해 보면, '충서忠恕'와 '서恕'의 실천은 본질적으로 '자기가 하고 싶지 않은 일을 다른 사람도 원하지 않는다'는 조건을 바탕으로 한다.

　인간관계에서 충돌이 발생하는 이유는 내가 원하는 것과 남이 원하는 것, 또는 내가 원하지 않는 것과 남이 원하지 않는 것이 서로 충돌하기 때문이다. 그러나 '충서忠恕'와 '서恕'의 도덕

---

6) 『논어』「위령공」: "己所不欲, 勿施於人" — 공자의 가장 핵심 윤리 원칙 중 하나로, '서恕'의 실천적 표현이다.

적 실천은 나와 남을 구별하지 않는다. 그리고 그 원칙에는 예외가 없다. 이 원칙은 누구에게나 동등하게 적용된다. 내가 원하는 것이 타인이 원하는 것일 수도 있고, 반대로 타인이 원하는 것이 내가 원하는 것일 수도 있다. 마찬가지로, 내가 원하지 않는 것이 타인이 원하지 않는 것일 수도 있고, 타인이 원하지 않는 것이 내가 원하지 않는 것일 수도 있다. 이 모든 것은 타인도 나와 같은 존재임을, 그리고 나 또한 타인과 동등한 존재임을 인정하고, 상대방의 마음을 내 마음처럼 헤아리는 과정이다.

한편 '서恕'는 단순히 논리적인 추론에 의한 것이 아니다. '서恕'는 나와 상대, 또는 상대와 나를 헤아려 봄으로써 서로를 이해하고 배려하며, 그 결과로 '관용'과 '용서'를 실천하는 행위이다. 특히 '서恕'의 실천은 집을 떠나 외출할 때의 예절, 중요한 손님을 맞이할 때의 예절, 그리고 위정자가 백성을 대하는 태도 등과 밀접하게 연결된다.

제자인 중궁(BC.522~?)이 '인仁'을 여쭈었다. 공자가 말했다. "대문을 나설 때는 큰 손님을 맞이하듯 하고, 백성을 다룰 때는 큰 제사를 모시듯 하여라. 자기가 원하지 않는 것을 남에게도 베풀지 말아라. 그러면 나라 안에서도 원망이 없을 것이다. 집안에서도 원망이 없을 것이다." 중궁이 대답했다. "비록 제가 민첩하지는 않지만, 선생님의 말씀을 충실히 따르겠습니다「論

語논어·顏淵안연」: 仲弓問仁중궁문인, 子曰자왈 : 出門如見大賓출문여견대빈, 使民如承大祭사민여승대제. 己所不欲기소불욕, 勿施於人물시어인. 在邦無怨재방무원, 在家無怨재가무원. 仲弓曰중궁왈 : 雍雖不敏옹수불민, 請事斯語矣청사사어의]."

후일, 주자의 제자들이 『중용中庸』과 『논어論語』에서 '서恕'와 '충서忠恕'를 유사한 의미로 말씀하신 것에 대해 주자에게 물었다. "이것은 단지 '서恕'일 뿐인데, 왜 '충서忠恕'와 '서恕'를 같은 의미로 말씀하셨습니까?" 주자가 대답했다. "'충서忠恕'와 '서恕'는 서로 떼어놓을 수 없다. 지금 막 '충忠'[자기 자신을 다하는 것]에 이르렀을 때는 '서恕'를 실천할 수 없지만, '서恕'[나를 미루어 남에게 미치게 하는 것]를 실천하게 되면, 그 사이에서 '충忠'이 행해진다. 즉, 자기에게 베풀어 원치 않는 것을 남에게도 베풀지 않는 일은, 진정으로 '충忠'을 실천하는 사람이 아니면 할 수 없다[『朱子語類주자어류·中庸二중용이·十參십삼』: 問此只是恕문차지시서, 如何作忠恕說여하작충서설, 曰왈 : 忠恕兩箇충서양개 離不得이부득 方忠時방충시 未見得恕미견득서, 及至恕時급지서시, 忠行乎其間충행호기간 施諸己而不願시저기이불원 亦勿施於人역물시어인, 非忠者비충자 不能也불능야]."

정주학程朱學을 전파하는 데 큰 역할을 했던 동양 허씨 허겸(許謙, 1270~1347)은 '충서忠恕'와 '서恕'의 긴밀성에 대해 다음과 같이 이야기한다. 허겸은 "도를 행하는 방도는 오직 '충忠'과 '서恕'에 있다. …… 자기에게 베풀어 원치 않는 것을 남에게도 베풀지 말라는 것은 나의 '충忠'을 미루어 타인에게 옮겨가는 '서恕'이다. 그러나 '충忠'이 근본이 되지 않으면, 미룰 만한 것도 없다. 대개 '충忠'은 마음의 전체로써 말하는 것이고, '서恕'는 각 구체적인 일에 대해 말하는 것이다. …… '서恕'는 '충忠' 없이는 근본이 될 수 없고, '충忠'은 '서恕' 없이는 실행할 수 없다. 이 두 가지는 서로를 필요로 하여, 어느 하나라도 빠져서는 안 된다[『朱子語類주자어류·性理三성리삼·仁義禮智等名義인의예지등명의』: 東陽許氏동양허씨 日왈 : 行道之方행도지방 惟在'忠恕유재'충서' …… 施諸己而不願시저기이불원 亦勿施於人역물시어인, 推己之'恕'也추기지'서'야. 然연 非'忠'爲本則亦無可推者矣비'충'위본즉역무가추자의. 蓋'忠'개'충' 以心之全體言이심지전체언, 恕서 就每事上言취매사상언 …… 恕非'忠'서비'충' 無以本무이본, '忠'非'恕'충'비'서' 不能行불능행, 二者이자 相須상수 缺一不可결일불가]."

허겸은 『중용中庸』과 『논어論語』에서 '충서忠恕'와 '서恕'에 대해 다소 다르게 언급을 하는 것은 '서恕'를 실천하는 데 있어 '충忠'이 없으면 그 실천이 이루어질 수 없다는 점을 강조하기 위한 것으로 해석된다. 즉, '서恕' 한 가지만을 말한다고 해서 '충忠'이 없는 것은 아니라는 것이다. 결국 '충忠'과 '서恕'의 작용에서 '충忠'은 우리가 사물에 접할 때 감정이 주관이나 사심에 휘둘리지 않고 도덕성을 유지하게 해 주는 '중심'이 된다. 다시 말해, '충^忠'이 '서^恕'의 근본이 된다는 것은 나의 도덕적 기준이 명확히 설정되어야만, '서^恕'가 분별없는 지나친 관용[姑息^{고식}]으로 흐르지 않음을 의미한다. 만약 '충^忠'과 '서^恕' 중 어느 하나라도 빠진다면, 그 행위의 본래 의미가 훼손될 수 있다. 결국, '충^忠'이 갖추어져야만 '서^恕'가 올바르게 실천될 수 있다는 것이다(양진성, 2019).

'충서^{忠恕}'는 자기 수양과 타인의 마음을 이해하고 공감하는 과정에서, 상대 또한 나의 진심을 알아가는 상호작용이다. 이는 양방향으로 작동하기 때문에 그 결과는 특징지을 수 없다. 그저 순환적으로 이어질 뿐이다. 따라서 "'서^恕'라는 말에 '다했다[盡^진]'는 표현을 붙일 수 없다. '서^恕'라는 이름을 얻는다는 것은 단지 자신을 미루어 간다는 것을 의미할 뿐이다. 사물을 다함에 있어 '다하지 않는 것이 없다'는 것은, 오히려 사물 그 자체에 있어서 끝이 없다는 것이다. 이 의미는 저절로 구별된다[『朱子語類^{주자어류}·論語九^{논어구}·里仁篇下^{이인편하}·子曰參乎章^{자왈삼호장}』: 問^문：侯氏云^{후씨운}：盡物之謂恕^{진물지위서}, 程子不以爲然^{정자불이위연}, 何也^{하야} 曰^왈：恕^서, 字上著'盡'字不得^{자상저'진'자부득}. 恕之得名^{서지득명}, 只是推己^{지시추기}. 盡物^{진물}, 卻是於物無所不盡^{각시어물무소부진}, 意思自別^{의사자별}]."

공자는 '충서^{忠恕}'가 일상의 '도^道'와 멀지 않다고 이야기하면서, 겸손하면서도 구체적으로 '일상의 도^道[道理^{도리}]'를 실천하는 방법을 알려준다.

"'도^道'는 사람과의 거리가 멀지 않다. 사람이 '도^道'를 행하고자 하면서도 사람을 멀리한다면, 어떻게 '도^道'를 실천할 수 있겠는가? …… '충서^{忠恕}'는 '도^道'와의 거리가 멀지 않다. 자기에게 원하지 않는 것을 남에게도 베풀지 않는 것이 바로 '충서^{忠恕}'다. 군자에게는 네 가지 '도^道'가 있다. 그러나 나는 그 중 아직 어느 것 하나도 온전하게 실천하지 못하고 있다. 아직도 자식에게 바라는 것[자식이 나에게 해 주었으면 하는 '효^孝']처럼, 부모님을 섬기는 일[내가 부모님께 해야 하는 '효^孝']을 온전히 실천하지 못한다.

아직도 신하에게 바라는 것[신하가 나에게 해 주었으면 하는 '충^忠']처럼, 임금을 섬기는 일[내가 임금에게 해야 하는 '충^忠']을 온전히 실천하지 못한다.
아직도 동생에게 바라는 것[동생이 나에게 해 주었으면 하는 '공경^{恭敬}']처럼, 형을 섬기는 일[내가 형에게 해야 하는 '공경^{恭敬}']을 온전히 실천하지 못한다.
아직도 벗에게 바라는 것[벗이 나에게 먼저 베풀어 주었으면 하는 '선^善']처럼, 내가 먼저 베푸는 일[내가 벗에게 해야 하는 '선^善']도 온전히 실천하지 못한다.

일상에서 덕을 실천하고, 말과 행동을 조심하며, 실천의 부족함이 있으면 이를 고치려고 힘쓰지 않을 수 없다. 말할 때 [말이 행동보다 앞서서] 미처 다하지 못한 것이 있다면, 그 또한 고치려 힘쓰지 않을 수 없다. 말할 때는 행동을 돌아보고, 행동할 때는 말에 대해 되돌아보아야 한다. 그렇다면 군자가 어찌 부지런히 힘쓰지 않겠는가?"

『禮記예기·中庸중용』: 子曰자왈 : 道不遠人도불원인. 人之為道而遠人인지위도이원인, 不可以為道불가이위도. ······ 忠恕違道不遠충서위도불원, 施諸己而不願시저기이불원, 亦勿施於人역물시어인. 君子之道四군자지도사, 丘未能一焉구미능일언 : 所求乎子以事父소구호자이사부, 未能也미능야 ; 所求乎臣以事君소구호신이사군, 未能也미능야 ; 所求乎弟以事兄소구호제이사형, 未能也미능야 ; 所求乎朋友先施之소구호붕우선시지, 未能也미능야. 庸德之行용덕지행, 庸言之謹용언지근, 有所不足유소부족, 不敢不勉불감불면, 有餘不敢盡유여불감진 ; 言顧行언고행, 行顧言행고언, 君子胡不慥慥군자호부조조 !]."

'충서忠恕'는 '일상의 도道'에서 실현된다. '일상의 도'는 고원高遠의 세계를 꿈꾸지 않으며, 시공을 초월하는 '도인道人'이 되려는 것도 아니다. '신선神仙'이 되기 위해 산속이나 굴속을 헤매지 않고, 은둔하거나 현실에서 도피하지도 않는다.

유가의 '도道'는 일상적인 삶에서 인간과 인간 간의 관계 속에서 마땅히 해야 할 도리를 실천하는 것이다. 예를 들어, 아버지는 아버지답게, 아들은 아들답게, 어머니는 어머니답게, 딸은 딸답게, 윗자리는 윗자리답게, 아랫자리는 아랫자리답게 각자의 역할에 진심과 정성을 다한다. 이렇게 각자가 자신의 역할을 다하며 상대에게 진심이 전해지면, 상대 역시 자신의 역할을 다하게 된다. 이것이 바로 '인仁'을 실현하는 방법이다.

'인仁'의 실현은 나와 타인 모두에게서 이루어진다. 서로가 '인仁'을 실천하면, 타자에 대한 존중이 형성되고, 이 존중은 나와 상대 사이에서 순환하며 공감과 배려를 창출한다. 공감과 배려가 상호 순환하는 과정에서 협력이 생겨난다. 마침내 모든 사람은 '인仁'을 실현하는 최상의 결과를 얻는다. 결국 '인仁'의 실현은 자신을 완성하는 '주관적 정신의 완성'일 뿐만 아니라, 내가 이루고자 하면 다른 사람도 함께 이루게 하는 '객관적 정신의 표상'이다.

'인仁'을 실천[천인踐仁]'하고, '인仁'을 행[위인爲仁]'하며, '인仁'을 이루는[성인成仁]' 일련의 행위가 바로 '충서忠恕'를 실천하는 방법이다. 이 과정에서 상호 순환하는 '공감', '배려', '협력'이 생겨나며, 개인은 도덕적 성품의 실현이라는 덕성을 지닌 인간으로 완성된다.

'충서'는 감정적 공감에 머무르지 않는다.

그것은 타인을 이해하고 존중하는, 깊이 있는 도덕 실천의 원칙이다.

'충서'의 실천은 일시적 관계 기술이 아닌, 나를 도덕적 존재로 세우는 삶의 방식이다.

우리가 이러한 윤리를 일상에서 실천할 때, 그 힘은 개인을 넘어 공동체 전체를 변화시키는 원리로 작동한다.

03

'공감'을 넘어서는 윤리,
'충서忠恕'

지금까지 살펴본 '충서忠恕'의 윤리는 고전 속에만 머무르지 않는다. 그것은 오늘날 우리의 일상과 문화 속에서도 분명히 살아 숨 쉰다. 대표적인 예가 바로 BTS와 아미ARMY의 관계다. 이들은 관습적인 스타와 팬의 관계를 넘어, 서로를 진심으로 이해하고 신뢰하며 성장해 온 존재들이다.

서로의 마음을 헤아리는 '서恕'의 태도, 자기 진심을 다하는 '충忠'의 자세는 이 공동체의 감정과 행동 곳곳에 깊게 배어 있다. 사실 '공감'이라는 말은 너무 흔해서, 오히려 그 무게를 잃어버리곤 한다. 감정의 동조, 상대의 마음을 이해하려는 시도,

함께 아파하고 웃는 행위. 이 모두가 공감이다. 하지만 이것만
으로 충분할까?

BTS와 아미^{ARMY}의 관계는 하나의 정서적 유대감을 넘어
서, 서로를 존중하고 책임지는 윤리적 실천으로 확장 되어왔다.
팬들은 멤버들의 고통과 취약함에 단순하게 감정을 드러내는
정도의 '공감'에 그치지 않고, 그들의 감정과 선택을 지지하고
보호하는 방식으로 반응해 왔다.

예컨대 멤버 슈가는 우울과 불안을 겪고 있다는 사실을 솔
직하게 밝힌 바 있다.[7] 많은 팬들은 그 고백을 평가하거나 훈계
하는 대신, 그의 용기에 공감하고, 그가 스스로 회복할 수 있도
록 기다리고 응원하는 태도를 보였다.

이는 타인의 마음을 내 마음처럼 헤아리는 '서恕'의 윤리가, 현
실 속 관계 안에서도 충분히 실천될 수 있음을 보여주는 장면이다.

오늘 우리가 주목할 개념은 '충서忠恕'이다. 공감보다 더
깊은, 책임과 실천의 윤리이다. BTS와 아미^{ARMY}의 관계 속에서
우리는 '충서忠恕'라는 고전적 가치가 현대의 감성적 관계를

---

7) BTS의 멤버 슈가(민윤기)는 2019년 3월 29일 방송된 KBS2의 'Entertainment Weekly' 인터
뷰에서 우울증과 정신 건강 문제에 대해 솔직하게 언급한 바 있다.

어떻게 도덕적 실천으로 이끌 수 있는지를 목격하게 된다.

'충서忠恕'는 내가 먼저 상대에게 진심과 정성을 다하면, 그 마음이 상대에게 전달되어 서로에 대한 이해와 배려가 싹트게 된다는 희망의 윤리이다. 이는 나와 타자 사이에 도덕적 감응이 가능하다는 메시지를 전하며, 관계 윤리의 핵심 개념을 제시한다.

'충서忠恕'의 시각에서 BTS와 그들의 팬덤인 아미ARMY의 관계를 바라보면, BTS는 언제나 마음을 다해 아미에게 '충忠'을 실천해 왔다. BTS는 자신들의 성공을 팬들과 나누며, 팬들의 사랑에 대해 늘 감사한 마음을 표현해 왔다. 예를 들어, 2019년 4월 17일 《스포츠조선》 기사에서 언급된 바와 같이, "기승전 아미♥······ 방탄소년단! '실패·좌절 → 사랑의 힘' 담은 글로벌 컴백"[8]처럼, BTS의 진심은 공식 인터뷰와 다양한 기사들을 통해 꾸준히 확인할 수 있다.

2020년 9월, BTS가 마침내 빌보드 싱글 차트 1위에 오른 순간, 이 위대한 성과의 주인공으로 아미를 지목한 멤버 지민의 말은 매우 인상 깊다. 그는 "여러분들이 이뤄낸 것이며, 여러

---

8) "기승전 아미♥······방탄소년단! '실패·좌절→사랑의 힘' 담은 글로벌 컴백"→ 출처: 《스포츠조선》, 2019.04.17.

분들이 축하받을 일이며, 이 성적만큼이나 지금 여러분들의 기분이 좋았으면 좋겠습니다. 감사하고 감사합니다."라고 전하며, "우리 아미 상 받았네"라는 해시태그를 덧붙였다. 이 말은 BTS의 진심이 고스란히 드러난 순간이었다.

이처럼 BTS의 '충忠'은 아미ARMY에게 깊은 감동으로 전달된다. 팬들은 그 진심에 응답하며, BTS에게 마음을 다해 응원과 사랑을 보낸다. '충忠'의 실천은 자연스럽게 '恕서'로 확장된다. '恕서'는 '推己及人추기급인'의 정신으로, '자신을 미루어 다른 사람에게 베푸는 것'을 의미한다. 아미는 BTS의 진심을 받아들여, 자신이 받은 위로와 감동을 다시 BTS에게 되돌린다.

이 상호의 관계는 멤버 정국의 말에서도 잘 드러난다. 그는 "아미 분들이 우리 덕분에 힘을 얻었다거나 인생이 바뀌었다는 얘기를 들으면 음악의 힘이 세졌다는 생각이 든다. 아미와 BTS의 끈끈함도 커졌다는 생각이 든다"고 하며, "서로 좋은 영향을 주고받는 걸 보면 떼려야 뗄 수 없는 관계"라고 말했다.

이렇듯 BTS의 '충忠'은 아미의 '서恕'를 끌어냈고, 아미의 '서恕'는 다시 BTS에게 '충忠'으로 돌아간다. 이 순환은 팬과 스타 사이의 단일한 상호작용을 넘어서, 도덕적 관계로 발전한다. BTS와 아미 사이에는 '충忠'과 '서恕'의 윤리가 순환하며 서로를 더욱 단단히 연결한다.

멤버 지민은 《MOS Persona》와의 인터뷰에서 "우리의 근원은 팬분들이다. 사실 우리가 여기까지 올 수 있었던 건 팬들의 사랑 덕분이다"라고 말하며, "여러분이 우리를 행복하게 해주셨기에, 우리도 여러분을 행복하게 해 드리고 싶다. 이것은 되돌려주는 느낌이다"고 덧붙였다. 정국 역시 "아미는 지금의 BTS를 만든 우리의 모든 것"이라고 고백했다.

이 관계 속에서 '충서忠恕'는 한쪽이 멈추지 않는 한 계속해서 순환하고 증폭된다. '서恕'는 관계 속에서만 완성되는 덕목이며, 상호 존중과 공감 없이는 성립할 수 없다. 도덕적 행위는 보상을 전제로 하지 않는다. 그러나 마음을 다하는 행위는 자연스럽게 이해와 배려를 낳고, 이는 나와 타자 모두에게 선순환을 일으킨다.

공자는 『논어論語·옹야雍也』에서 다음과 같이 말하는데, 이 말은 바로 '충서忠恕'를 통한 도덕 실천의 핵심을 잘 설명해 준다.

"인仁한 사람은 자기가 서고자 하면 남도 서게 하고, 자기가 통달하고자 하면 남도 통달하게 한다. 가까운 데에서 비유할수 있다면, 그것이 바로 인仁을 실현하는 길이라 할 수 있다『論

語^{논어}·雍也^{옹야}』: '夫仁者^{부인자}, 己欲立而立人^{기욕립이립인}, 己欲達而達人^{기욕달이달인}. 能近取譬^{능근취비}, 可謂仁之方也已^{가위인지방야이}."

BTS가 팬들의 사랑에 감동하고, 그 사랑을 다시 선한 영향력으로 확장하려 한 의지 역시 '충서^{忠恕}'의 윤리 속에서 이해할 수 있다.

멤버 슈가는 〈롤링스톤 코리아〉와의 인터뷰에서, "음악을 하고 싶었던 일곱 명이 모였고, 팬들의 응원에 보답하고 싶었다. 우리가 가진 영향력을 좋은 방향으로 쓰고 싶었다"고 말했다.

이처럼 그들은 단순한 인기 이상의 책임을 인식하고, 공동체와의 관계를 긍정적으로 이끌려는 자세를 보여주었다.

'충^忠'은 자신의 마음을 다하는 것이자, 주어진 역할과 책임을 기꺼이 감당하는 태도다.

BTS의 맏형 진은 군 복무라는 의무를 앞두고, 슬픔보다는 담담함으로 자신의 결정을 전하며 '본분을 다하겠다'는 의지를 표현했다. 팬들 역시 그 선택을 존중하며, 조용히 작별하고 더 큰 응원으로 화답했다. 이는 팬들이 단발적인 애정에 머무르지 않고, 그의 삶의 무게를 함께 받아들이려는 성숙한 관계 윤리를 보여준 한 사례였다.

'충'은 이렇게 타인의 선택을 존중하면서도, 자기감정을 절제하고 관계 속 역할을 다하려는 윤리적 실천으로 구체화 된다.

이처럼, BTS에게 아미는 그 자체로 큰 힘이 되어 주었다. '선善한 영향력'을 실천하려는 BTS의 도전은 결국 공공선을 향한 실천이었으며, 그들의 "할 수 있다"와 "보답하자"는 메시지는 이윤을 넘어 도덕적 의지를 담은 윤리적 선언이었다. BTS가 다시 일어설 수 있었던 원동력은, 묵묵히 지지해 준 아미의 존재 덕분이었다.

BTS의 시작은 작은 기획사에 소속된 10대 소년들의 연습실에서 비롯되었다. 그들은 일반적인 청소년들과는 다른 시간을 보냈다. 친구들과의 일상적인 교류보다는 연습과 반복된 시도 속에서 하루를 시작하며, 그 과정에서 실패, 외로움, 불안과 마주했다. 그러나 팬들의 격려와 응원은 그들에게 자양분이 되었고, 희망의 별빛처럼 비춰주었다. 그렇게 3년이 넘는 '인고忍苦의 시간'을 지나, 결국 '위대한 성공'으로 응답했다. 팬들은 '영원히'라는 이름으로 그들에게 답했고, BTS는 세계 정상에 오른 결과로 화답했다.

BTS와 아미ARMY 사이의 유대는 열광만으로 설명되지 않는, 상호적이고 윤리적인 관계이다. 그것은 한 시대의 문화현상을 넘어선 도덕적 공동체로, 서로를 배려하고 책임지는 도덕적 행위자들의 관계다. 음악을 매개로 형성된 이 공동체는 경제적 성과를 넘어서, 도덕적 가치와 정신적 유대를 통해 더욱 견고해졌다.

니체(F.W. Nietzsche, 1844~1900)는 "음악 없는 삶은 무의미하다"고 했다. 음악은 삶의 위안이자 회복의 힘이다. 그러나 음악만으로 관계가 지속되지는 않는다. 그것이 오래 지속되기 위해서는 책임과 의무, 즉 도덕적 성품이 필요하다. BTS와 아미는 '충서忠恕'를 바탕으로 한 도덕적 정신을 공유하고 있다. 이것이 이들의 관계를 진정으로 단단하게 만든 힘이다.

유가 윤리는 인간의 본성에서 도덕성의 근거를 찾는다. 인간이 왜 도덕적이어야 하는가에 대한 답은 선한 본성, 즉 '인仁'의 실현에 있다. 유가는 도덕적 삶을 '인간 됨'의 실현으로 본다. 그 실현은 타자에 대한 이해와 배려, 공동체 속에서의 책임을 통해 가능해진다.

충서忠恕의 실천은 도덕적 자율성을 가진 주체가 공동체의 관계 속에서 스스로 도덕적 책임을 자각하고, 타인을 향해 도덕적 원리를 실현해 나가는 과정이다. 이러한 실천은 결국 '사랑'으로서의 '인仁'으로 귀결된다. '인仁'은 이론적 사유에 그치지 않고,

구체적 행위 속에서 드러나는 실천의 원리다. 공자가 '인仁'을 삶의 궁극적 목표로 삼은 이유는, 모든 도덕적 행위를 그 원리로 삼아야 한다는 확신에서 비롯되었다.

'공감'은 타인의 감정을 느끼고 나누는 출발점이지만, '충서忠恕'는 그 감정을 행동으로 이끌어내는 윤리다.

감정은 순간적으로 피어오르지만, 忠恕충서는 관계를 지속시키는 태도이자 자세다.

BTS와 아미ARMY는 단편적인 감정 교류를 넘어서, 서로의 존재를 위해 고민하고, 행동하며, 응답하는 공동체로 성장해 왔다.

나의 감정에 머무르지 않고, 나의 책임을 타인의 입장에 맞추어 기꺼이 실천하는 것—바로 그 자세가 '추기급인推己及人', 곧 타인을 위한 윤리의 출발점이다.

이처럼 BTS와 아미가 만들어낸 관계는 표면적인 유대감을 넘어, 공감과 실천이 어우러진 살아 있는 윤리 공동체의 가능성을 보여준다.

04

'LOVE YOURSELF', 충서의 출발점

BTS는 음악을 통해 사랑을 전한다. 그들의 노래 가사에는 10대와 20대 청춘들이 겪는 고통과 현실의 문제가 솔직하게 담겨 있다. 그 속에서 청춘들은 위로받고, 다시 일어설 용기와 에너지를 얻는다. 이들의 음악은 일시적인 위로를 넘어, 삶을 움직이게 하는 깊은 동력이 된다.

BTS는 곡 작업에 멤버들이 함께 참여하며, 각자의 아픔과 희망을 진솔하게 나눈다. 그 가사 속에는 지나온 상처, 현재의 기쁨, 미래를 향한 기대가 고스란히 담겨 있다. 그들은 상처를 직접 경험했기에, 위로가 지닌 힘을 누구보다도 잘 안다. 어린 시절의 두려움은 여전히 마음속에 남아 있고, 그 시간을 지나 왔기에 수상 무대에서조차 눈물은 멈추지 않았다. 함께 견뎌낸 시간, 그 뜨거운 눈물은 서로의 노력에 대한 박수이며, 더 나은 내일을 향한 응원이었다.

방시혁 대표는 한 인터뷰에서 이렇게 회상했다.

"데뷔 초, 멤버들과 이야기하면서 알게 된 사실인데, 그들은 데뷔 전에 큰 두려움을 갖고 있었고 자존감도 낮았던 것 같다. 회사의 브랜드 파워가 약했기 때문에, '우리가 성공할 수 있을까?'라는 의심을 계속했다고 한다. 그래서 나는 그들에게 말했다. '나는 너희를 믿고 있고, 미래에 대한 확신도 있다. 그러니 스스로를 더 믿어라.'" (News1, 2017.04.24)

그들이 마주한 '두려움'은 감각적 차원의 감정을 넘어, 존재의 근간을 뒤흔드는 심리적 격동이었다. 두려움은 때때로 본래의 자기(self)'로부터 회피하게 만든다. 이는 불안이라는 형태로 나타나며, 우리를 위축시키거나 도피하게 만든다. 일반적으로 두려움에는 대상이나 이유가 있지만, 우리가 진정으로 두려워하는 것은 종종 그 '두려움 그 자체'다. 그래서 두려움을 이겨낸다는 것은 단순한 극복이 아니라, 내면의 근원적인 싸움을 의미한다.[9]

---

9) Tillich, P. (1952). The Courage to Be. Yale University Press.

그러나 그들은 두려움을 외면하거나 억누르지 않았다. 오히려 실수를 인정하는 '솔직함'으로 자신을 드러냈고, 그 방식으로 두려움을 넘어섰다. 자신의 불안과 실수, 나약함을 숨기지 않고 말할 수 있었기에, 그들은 진정으로 성장할 수 있었다.

이러한 태도는 방시혁 대표가 강조해 온 '진정성authenticity'의 윤리와도 맞닿아 있다. 그들은 실수를 인정하는 솔직함으로 두려움을 극복했고, 리더 RM은 UN 연설에서 이를 이렇게 고백한다.

"지금의 나는 나 자신이 겪어온 실수를 통해 만들어진 '나'다. 지금 내가 미래를 이야기할 수 있는 것은 과거의 내가 있었기 때문이다. 부족함과 반복된 실수는 한때 부끄러움이었지만, 그 시간이 있었기에 지금의 내가 존재할 수 있고, 미래에 대한 신념을 이야기할 수 있다. 내가 나의 실수와 신념을 이야기하는 것처럼, 여러분도 자신의 이야기와 신념을 나누어 달라 [SPEAK YOURSELF]"라고 간곡하게 호소한다.

그의 고백은 진심 어린 메시지로 확장된다. 그는 자신이 실수와 부족함을 통해 만들어진 존재임을 인정하며, 과거의 자신을 껴안는 일이야말로 미래를 여는 힘이라고 강조한다.

"나는 한때 타인의 시선에 갇혀 나를 잃었고, 꿈조차 꾸지 못했다. 하지만 음악을 통해 나의 목소리를 되찾았고, 실수와 결점마저도 내 일부로 받아들이며 자신을 사랑하는 법을 배웠다. 완벽하지 않아도 괜찮다는 사실을 알게 되었고, 매일 조금씩 더 '나다워지는 길'을 걷고 있다. 여러분도 자신을 믿고, 자신의 이야기를 들려주기를 바란다." (UN General Assembly Speech, 2018.09).

RM은 자라오면서 경험한 자존감의 부재, 타인의 시선 속에서 자신을 가두었던 시간, 그리고 그로 인해 잃었던 꿈에 대해 솔직하게 털어놓는다. 그는 말한다. 실수투성이인 자신이지만, 과거의 나도, 현재의 나도, 미래의 나도 모두 '나'이며, 그 모든 나를 사랑하게 되었다고 고백한다.

BTS의 신념은 그들의 노래 《LOVE YOURSELF》에 고스란히 담겨 있다. "자신의 목소리를 내라[SPEAK YOURSELF]"는 그들의 호소는, 자신이 어떤 사람인지, 무엇을 원하는지, 무엇을 잘하고 무엇을 못하는지를 알고 인정할 수 있어야 비로소 자신의 목소리를 낼 수 있다는 외침이다.

우리는 종종 어떤 일을 '파악'하는 데는 능하지만, 그것을 '인정'하는 데에는 서툴다. 파악은 객관적인 분석이고, 인정은 그 분석을 받아들이는 일이다. 특히 우리는 자신의 실수에 대해 너그러움을 갖지 못한다. 자책만 반복한 채, 실수를 덮어두려 하다 보니 결국 '미봉(彌縫)'에 그치게 된다. '미봉'의 시작은 사소하지만, 반복되면 얼기설기한 모습이 되어버리고, 끝내는 감추려던 것이 터지고 만다.

실수로 인해 만들어진 '나' 역시 온전한 '나'임을 인정해야 한다. 인간의 삶은 성공만으로 구성되지 않으며, 성공만이 성장을 이끄는 것도 아니다. 우리는 실수와 실패, 그리고 좌절을 통해서도 성장한다. 그러므로 성공과 실패, 좌절은 모두 우리의 삶을 이루는 본질적인 일부다. 실수를 딛고 성장한 나이지만, 그 모든 시간을 통과한 '나'는 내 삶의 별자리에서 가장 밝게 빛나는 존재다. 별빛은 찬란하다. 그 찬란한 빛처럼, 나는 가장 먼저 나 자신에게 사랑받아야 할 존재다.

BTS는 자신들의 두려움을 숨기지 않는다. 그들은 성공 이후 달라진 자신들의 모습, 그리고 그들을 바라보는 타인의 시선까지도 솔직하게 이야기한다. 기쁨도 있었지만, 상처투성이였던 시간 또한 많았음을 고백한다. 사실, 상처를 꺼내어 말한다는 것은 커다란 용기가 필요하다. 하지만 드러난 상처는 오히려 치료하기가 쉽다. 그 위에는 '위로'라는 약이 발라진다. 성공에는 '칭찬'이, 실패에는 '용기'가, 실수에는 '지혜'라는 반창고가 붙는다. 비로서 상처 위에 새살이 돋는다.

RM이 말했듯, 어제의 나도 나이고, 오늘의 나도 나이며, 내일의 나 또한 나다. 그러나 우리는 종종 과거의 실수나 영광 속에 자신을 가두고, 현재의 자신을 잊어버리곤 한다. 과거에 발목 잡힌 채 살아가는 현재의 나는 더 이상 살아 있는 내가 아니다. 중요한 것은 과거의 내가 어떤 사람이었는지가 아니라, 지금 이 순간, 내가 어떤 사람인가이다. 과거의 기억에 사로잡혀 오늘의 나를 소홀히 한다면, 결국 미래의 나는 스스로를 탓하며 외로운 어둠 속을 걷게 될 것이다.

RM의 연설은 우리에게 중요한 메시지를 전한다. "자신을 사랑해야 남을 사랑할 수 있다." 그러나 우리는 흔히 누군가를 사랑하는 것보다 자신을 사랑하는 일에 더 서툴다. 아니, 어쩌면 자신을 사랑하는 방법을 잘 모르는지도 모른다. 많은 사람들은 자기 자신에게 이르는 길을 외면한다. 그래서 자신이 얼마나 소중하고 고귀한 존재인지, 얼마나 사랑받아야 할 존재인지를 잊어버린다.

우리는 자주 스스로에게 물어야 한다. 혹시 성공에 대한 기대가 너무 엄격해서 늘 실패한 사람처럼 느끼고 있지는 않은가? 잘한 일보다는 실수를 먼저 떠올리며 자신에게 실망하고 있지는 않은가? 삶의 기준이 너무 높아 나를 작게 여기고 있지는 않은가? 스스로를 부끄러워하고 있지는 않은가?

조금만 더 관심을 기울여 '나'라는 존재를 들여다보면, 나는 성공, 실패, 실수, 좌절, 희망, 기쁨의 모든 순간을 함께한 사람임을 알게 된다. 나 자신이 그 모든 시간에 함께했고, 아픔 속에서 함께 자라났다. 그렇기에, 내게 가장 깊은 위로는 결국 내가 나를 안아주는 일이다. 그래야만 한다. 자신을 위로하고, 스스로를 격려해야 한다. 내가 얼마나 고귀하고 사랑받을 존재인지를, 무엇보다 먼저 나 자신에게 말해주어야 한다. 그리고 내가 그런 존재라면, 상대 또한 나처럼 빛나고 귀한 존재임을, 우리는 그제야 비로소 알게 된다.

장횡거(張橫渠, 1020~1077)는 이렇게 말했다.

"자기를 사랑하는 마음으로 남을 사랑한다면 '인仁'을 다할 수 있다[『朱子語類주자어류·大學三대학삼·傳九章釋家齊國治전구장석가제국치』: 張子장자 所謂소위 以愛己之心이애기지심, 愛人則盡仁애인즉진인 是也시야]."

장자의 말은, 자신을 사랑하는 마음으로 남을 사랑할 수 있다면, 그 진심이 상대에게도 전해져 서로 간에 참된 사랑, 곧 '인仁'을 실천할 수 있게 된다는 뜻이다.

그렇다면 '인仁'의 시작은 어디일까? 바로 '자신을 사랑하는 것', 곧 'LOVE YOURSELF'에 있다. 자신이 사랑받아야 할 고귀한 존재임을 스스로 인식할 수 있다면, 타인 또한 나처럼 소중하고 고귀한 존재로 여기며 사랑하게 된다. 그리고 그렇게 살아가는 것, 그것이 바로 '인仁'을 실천하는 삶이다.

우리는 '자기애自己愛'에서 출발해, 타인을 향한 보편적 사랑, 곧 '인류애人類愛'로 나아갈 수 있는 존재다. 결국 '인仁'의 실현은 가까운 이를 아끼고 사랑하는 마음에서 시작해, 이웃과 사회, 더 나아가 만물에 이르기까지 확장된다. 그렇게 될 때, 나와 타인, 그리고 세상 모두가 함께 윤택해진다.

맹자는 이렇게 말했다.
"나의 어버이를 보살피는 마음으로 다른 사람의 어버이를 보살피고, 내 아이를 사랑하는 마음으로 다른 사람의 아이를 사랑하는 데까지 미치게 한다면, 천하를 손바닥 위에 올려놓고 움직일 수 있게 된다[『孟子맹자·梁惠王上양혜왕상』: 老吾老노오로, 以及人之老이급인지로; 幼吾幼유오유, 以及人之幼이급인지유. 天下可運於掌천하가운어장].[10]"

맹자의 말은, 사랑은 점에서 선으로, 선에서 면으로 퍼져 나가는 것이며, 그 출발점은 바로 자기 자신과 자기 주변을 진심

---

10) 『맹자』「양혜왕」상: "老吾老以及人之老, 幼吾幼以及人之幼" — 자신의 가족을 사랑하는 마음을 타인으로 확장하라는 유가적 사랑의 확대 원칙.

으로 사랑하는 데에 있다는 유가의 핵심 사유를 잘 보여준다. 'LOVE YOURSELF'는 곧 'LOVE OTHERS'로 나아가는 첫 걸음이다.

맹자는 말했다.

"친한 이를 친하게 여기고, 그다음은 백성을 사랑하는 데까지 이르고, 그다음은 만물을 사랑하는 데까지 이르게 된다[『孟子맹자·盡心上진심상』: 孟子曰맹자왈 : 親親而仁民친친이인민, 仁民而愛物인민이애물]11)."

이러한 사랑의 확장은 단지 개인의 윤리를 넘어, 천지의 조화와 만물의 생장으로 이어져, "천지가 자기 자리를 찾게 되고, 만물이 서로 길러진다[『禮記예기 · 中庸중용』, 天地位焉천지위원, 萬物育焉만물육언]."

유가의 '인仁'은 가족 사랑에서 출발하여, 일상에서 마주하는 가까운 사람들과의 관계 속에서 실현되는 윤리다. 이러한 실천 윤리는 추상적인 규칙보다 가까운 현실에서부터 출발하는 '근사近思의 윤리', 그리고 '친한 이를 먼저 친히 여기는 '친친親親의 윤리'로 나타난다.

---

11) 『맹자』「진심상」: "親親而仁民, 仁民而愛物" — 가장 가까운 사람을 사랑하는 것에서 시작해 모든 존재로 사랑을 확장하라는 의미.

공자의 제자 자하는 이렇게 말했다.

"널리 배우고 뜻을 돈독히 하며, 절실하게 묻고 가까운 것을 생각하면 '인仁'은 그 가운데 있다[『論語논어·子張자장』: 子夏曰자하왈 : 博學而篤志박학이독지, 切問而近思절문이근사, 仁在其中矣인재기중의]."

자하의 이 말은 '인仁'이 머나먼 이상에 있는 것이 아닌, 일상의 성찰과 인간관계 속의 실천에서 비롯된다는 것을 보여준다. '인仁'은 바로 나와 가장 가까운 이들을 먼저 사랑하고 이해하려는 마음속에 이미 존재하고 있다.

'근사近思의 윤리'는 도덕적 판단이 가까운 곳에서 출발하고, 도덕적 행위 역시 가장 친근한 관계에서 시작된다는 점을 강조한다. 그러나 그것은 가까운 관계에서 출발하지만, 편협한 사적 윤리에 머물지 않는다. 유가 윤리는 그 시작이 '나'와 '가까운 이'일지라도, 그 사랑과 배려의 감정을 점차 확장하여 보편적인 인류애에 이르기를 지향한다.

즉, 유가의 도덕 실천은 친근함에서 출발하지만, 그 친근함을 바탕으로 도덕적 행위의 범주와 대상의 영역을 계속해서 넓혀 간다. 그렇게 하여, 유가 윤리는 자기 사랑에서 타인 사랑으로, 나아가 모든 존재를 품는 사랑으로 나아가는 확장적이고 실천적인 윤리임이 분명해진다.

풀이하자면 드디어 '충서忠恕'의 윤리가 실현된다는 의미다. '사람됨'의 출발점은 자신을 아끼는 데 있으며, 자신을 진정으로 아끼는 사람만이 타인의 존재 또한 귀히 여길 수 있다는 것이다.

BTS의 메시지 "LOVE YOURSELF"는 단지 개인의 자존감을 북돋우는 구호에 머무르지 않는다. 그것은 동양 고전에서 말하는 도덕적 수양의 출발점, 즉 '수기修己'의 실천이다.

자기 자신을 올바르게 이해하고, 사랑하며, 돌보는 과정이 선행되어야 타인에 대한 공감과 배려가 진심으로 이어진다. 다시 말해 'LOVE YOURSELF'는 '충서忠恕'의 전제가 되는 내면의 도덕적 토대를 다지는 일이며, 그 사랑의 확장이 바로 'LOVE OTHERS'로, 더 나아가 'SPEAK YOURSELF'로 이어지는 도덕 실천의 연쇄 고리인 셈이다.

그리하여 우리는 묻는다. "나 자신을 사랑하는가?" 그리고 그 사랑이 타인을 향한 따뜻한 눈빛으로 확장되고 있는가?

자신을 있는 그대로 사랑하고 인정하는 사람은 타인에게도 연민과 관용의 시선을 보낼 수 있다. 그 시작이 바로 'LOVE YOURSELF'이며, 이것이 곧 '충서忠恕'의 첫걸음이다.

'LOVE YOURSELF'는 개인적인 자존감 회복에만 머무르지 않는다. 이는 우리 사회 전체가 품어야 할 태도이자, '충서' 윤리의 출발점이다. 자신을 사랑하는 법을 아는 사람만이 타인의 고통을 이해하고, 함께 아파할 수 있다. 그리고 그 연대는 결국 우리 모두를 더 나은 인간으로, 더 나은 공동체로 이끈다.

그러므로 BTS의 이야기는 '자기 사랑'의 진정한 의미를 묻는 철학적 성찰이기도 하다. 실수를 안고 있는 '나', 여전히 두려워하는 '나', 때로는 넘어지기도 하는 '나'—그 모든 나를 인정하고, 사랑하는 법을 배울 때, 우리는 비로소 타인을 이해할 수 있다. '충서'는 거창한 도덕의 명제가 아니다. 그것은 나의 실수를 받아들이고, 타인의 상처를 마주하는, 일상의 작은 태도에서 시작된다.

BTS의 음악과 그들의 고백은 바로 그 출발선에 서 있는 우리에게 다정하게 말한다.

**"괜찮아, 너는 지금도 충분히 빛나.
그러니, 너 자신을 사랑하라."**

우리가 따르는 이유-
BTS가 일깨운 도덕의 원리와 규범

음악은 인간의 정서를 함양하며, 타인과의 관계를 원활하게 만드는 디딤돌이 된다. 음악을 통해 감정이 순화되면 이는 도덕적 행동이나 윤리적 성찰로 이어져, 결국 '도덕적인 삶'으로 연결된다.

'도덕적 삶'이란 비록 모든 도덕 규칙을 완벽히 지키지 못하더라도, 그것을 따르려는 의무감을 지니고 성찰하며 책임 있게 살아가는 삶이다. 도덕 행위자의 삶은 일상의 도덕 문제 앞에서 판단하고 행동하며 책임지는 결단을 요구한다(도성달, 2011).

모든 인간의 행동은 도덕적 판단의 대상이 되며, 이 판단은 합당한 도덕규범이 있을 때 가능해진다. 만약 도덕규범이 제시되지 않은 상황에서는 더 근본적인 도덕원리에 따라 판단을 내리게 된다.

도덕원리란 인간의 도덕의식에서부터 구체적인 행위에 이르기까지 적용되는 보편적인 도덕 법칙이다. 이러한 보편성을 가지기 위해서는 인간의 내면에 뿌리내리고, 모든 행위에 지도적 역할을 해야 한다. 예를 들어 공자의 철학이 '인학仁學'이라 불리는 이유는, '인仁'이 그의 사상 전체를 관통하는 핵심 원리이기 때문이다.

공자의 도덕사상에는 '경敬', '효孝', '예禮', '도道', '의義', '덕德', '충忠', '신信' 등 다양한 윤리 개념이 있으나, 이 모두는 '인仁'과 긴밀히 연결된다. 따라서 '인仁'은 개별적인 도덕규범을 통섭하는 보편적 도덕원리로 기능한다.

한편, 도덕규범은 도덕원리에 기초한 구체적 행위의 지침이다. '무엇을 해라', '무엇을 하지 마라'와 같이 명령형으로 표현되며, 당위적 성격을 지닌다.

도덕규범은 시대와 공간에 따라 변화할 수 있으나, 그 변화는 도덕원리에 어긋나지 않는 범위 내에서만 가능하다(최용갑, 1994). 도덕원리와 도덕규범은 도덕적 판단의 기준이 되며, 어떤 행위가 이 기준에 위배 되는지를 판단함으로써 도덕성 여부가 결정된다.

결국 도덕적으로 산다는 것은 타인과의 관계 속에서 도덕적 판단과 행동을 실천하며 살아간다는 뜻이다. 그 판단과 실천을 위해서는 '도덕적 지식'과 '도덕적 사유'에 익숙해져야 하며, 이는 우리가 '도덕' 자체에 관심을 두는 데서 출발한다.

BTS의 음악이 청자에게 도덕적 감수성과 사회적 책임을 일깨우듯, 우리도 일상에서 끊임없이 도덕적 판단과 실천을 되풀이하며 살아간다. 음악은 단지 감정의 표현이 아니라, 우리가 무엇을 옳다고 느끼고 어떻게 살아야 하는지를 되묻는 윤리적 물음이기도 하다. 그래서 우리는 BTS의 음악과 메시지 속에서 '해야만 하는 일'이 아니라 '지켜내고 싶은 가치'를 발견한다. 그것이 바로 우리가 BTS를 따르는 이유다. 그리고 그 따름은 개인의 감정을 넘어, 서로를 더 나은 존재로 이끌고자 하는 윤리적 공동체의 응답이기도 하다.

III

'신信'으로
'충서忠恕'를 굳히다

01

'신信',
BTS와 아미가 피워 낸
믿음의 꽃

일반적으로 '팬덤(fandom)'이란, 특정 인물이나 분야에 열정적으로 몰입하며 그 세계에 깊이 빠져드는 사람들의 집합을 뜻한다. 팬덤은 스타에 대한 집단적 열정이 형성한 공동체로, 'fanatic(열광자)'에서 유래한 'fan'과, '영역'을 뜻하는 접미사 '-dom'이 결합된 용어다.

스타가 인기를 얻으면 자연스럽게 '팬덤'이라는 공동체가 형성되며, 오늘날에는 하나의 뚜렷한 문화현상으로 자리 잡았다. 특히 SNS에서는 호감과 열정을 공유하는 팬들이 자발적으로 공동체를 이루며, 팬덤은 더욱 확장되고 다채로운 방식으로 진화하고 있다.

스타에게 팬덤은 감정적인 응원을 넘어서, 경제와 사회를 움직이는 핵심 기반이 된다. 팬덤은 스타의 홍보를 자발적으로 담당할 뿐만 아니라, 적극적인 소비를 통해 안정적인 자본을 공급하는 '소비자이자 생산자'로서의 역할을 수행한다. 그러나 스타와 팬덤 사이의 신뢰가 무너질 경우, 팬덤이 급격히 와해되거나 심지어 안티팬으로 전환되는 일도 발생할 수 있다. 따라서 팬덤의 확대와 유지, 그리고 지속 가능성은 스타에게 있어 매우 민감하고도 중요한 과제가 된다.

공동체가 지속적으로 성장하고 유지되기 위해서는 구성원 간의 결속과 상호 배려가 필수적이다. 고대 로마의 철학자 키케로(Cicero, BC 106~BC43)는, 공동체는 구성원들이 서로에게 최대한의 호의를 베풀고 긴밀하게 연결될 때 가장 잘 유지된다고 보았다. 특히 공동체의 결속력은 사회적 유사성, 문화적 동질성, 그리고 '공동체 소속감'이 전제될 때 더욱 강력해진다. 그러나 이러한 결속력은 시간이 흐르면서 점차 약화되기 마련이다. 그렇기에 공동체의 연대와 소속감을 유지하려면, 구성원들의 행동을 지속적으로 이끌어내는 내적 동력이 필요하다. 그 핵심적인 동력은 바로 '신뢰', 곧 유가 철학에서 말하는 '신(信)'이다.

'신뢰'는 공동체 내 조화를 가능하게 하는 핵심 매개체다. 그것은 구성원 간의 관용, 낯선 이의 수용, 문화적·정치적 차이의 포용 등 공동체적 연대를 확장하는 데 필수적인 요소다. 그러나 이러한 신뢰가 제대로 작동하기 위해서는, 도덕규범이라는 문화적 기반이 전제되어야 한다. 이때 '신信'은 피상적인 심리 상태를 넘어서, 구성원의 행위를 규율하고 삶의 방향을 제시하는 도덕적 기준으로 기능한다.

유가儒家에서 말하는 '신信'은 호혜적 행위와 도덕적 실천의 중심에 놓인 덕목이다. 그것은 공동체 내 적대감과 혐오를 억제하고, 집합적 연대를 촉진하는 윤리적 기제로 작용한다. 동시에 신뢰는 사회관계를 안정시키고, 구성원 개개인의 도덕적 역량을 강화하는 토대가 된다. 그러나 이러한 신뢰를 형성하는 일은 결코 쉬운 일이 아니다. 성실성과 일관성, 그리고 깊이 있는 자아 성찰이 그 바탕이 되어야만 가능하다.

공자는 『논어』에서 "사람에게 믿음이 없다면, 그가 무엇을 할 수 있겠는가[『論語논어·爲政위정』: 子曰자왈 : 人而無信인이무신, 不知其可也?부지기가야]."라며 신뢰의 중요성을 강조했다. 또한 "충성과 신의를 삶의 근본에 두라"고 말하며, 사람이 사람답기 위해 갖추어야 할 핵심 덕목으로 '충'과 '신'을 꼽았다. 또한 "충성과 신의를 삶의 중심에 두라[『論語논어·學而학이』: 主忠信주충신]."고 하며, 사람이 사람다워지기 위해서는 '충忠'과 '신信'을 핵심 덕목으로 삼아야 함을 역설했다.

공자의 제자 자하 역시 "친구와 사귈 때는 말에 신뢰가 담겨야 한다[『論語논어·學而학이』: 與朋友交 言而有信여붕우교 언이 유신]."고 하며, 언어 속에 깃든 신뢰의 가치를 강조했다. 이는 '신信'이 단지 심리적 태도가 아니라, 관계 속에서 실천되는 구체적 윤리임을 보여준다.

이처럼 '신信'은 관계 속 행위자들에게 협력과 조화를 이끄는 윤리적 기제이자, 공동체적 연대를 가능하게 하는 핵심 매개로 작동한다. 『설문해자』는 '신信'을 '성실함'으로 해석하고, 『설문해자說文解字』: ["信신[人인+言언] ; 誠也성야] '사람[人]'과 '말씀[言]'이 결합 된 글자 구성에 주목한다. 이는 말과 행동이 일치해야 함을 상징적으로 보여준다. 이는 말이 진실하고 거짓이 없어야 함을 뜻한다. 말은 일단 발화되는 순간부터 하나의 현실이 되며, 그에 따른 '책임'이 수반된다. 한 번 내뱉은 말은 다시 거둘 수 없는 만큼, '신信'은 언어의 무게를 자각하는 윤리적 태도이기도 하다.

『시경』에서는 이를 다음과 같이 노래한다.
"흰 옥돌의 티는 갈아 없앨 수 있지만, 말의 흠결은 그렇게 할 수 없다[詩經시경·大雅대아·蕩之什탕지반』: 白圭之点백규지점, 尚可磨也상가마야. 斯言之点사언지점, 不可爲也불가위야]."

『시경』은 "옥의 흠은 갈아낼 수 있으나, 말의 흠은 돌이킬 수 없다"고 노래한다. 이는 언어의 힘과 말의 책임을 되새기게 한다. 한 번 내뱉은 말은 현실이 되며, 그 말에 대한 책임은 말한 자에게 귀속된다. 그런데 옥에 티는 갈고 다듬으면 다시 본래의 아름다움을 되찾을 수 있다. 오히려 더 빛나는 옥으로 거듭날 수도 있다. 하지만 말은 다르다. 해서는 안 될 말, 허망하고 진실하지 못한 말, 하지 않아도 될 말을 내뱉고 나면, 아무리 후회해도 돌이킬 수 없다. 이미 세상에 발화된 말은 다시 담을 수 없기 때문이다. 그렇기에 말을 신중히 해야 할 이유가 더욱 분명해진다.

유가에서는 특히 '언사言辭'의 신중함을 강조한다.

공자는 말했다.

"군자는 말에 있어서는 더디고, 행동에는 민첩해야 한다[『論語논어·里仁이인』: 子曰자왈: 君子欲訥於言군자욕눌어언, 而敏於行이민어행]."

"옛사람들이 말을 함부로 하지 않았던 것은, 말한 바를 실행하지 못할까 부끄러워했기 때문이다[『論語논어·里仁이인』: 子曰자왈: 古者고자 言之不出언지불출, 恥躬之不逮치궁지불체]."라고도 말했다.

즉, 말은 반드시 그에 상응하는 실천으로 이어져야 하며, 그러지 못한 경우 도리어 부끄러운 일이 된다.

또한 말이 어눌하다는 것은 표현력이 부족해서가 아니라, 말에 대한 '책임감'을 지니기에, 더욱 조심스러운 태도를 보이게 된다는 의미다.

맹자 역시 이 점을 분명히 분명히 하면서, "사람들이 말을 쉽게 하는 것은 책임이 없기 때문이다[『孟子^{맹자}·離婁上^{이루상}』: 孟子曰^{맹자왈} : 人之易其言也^{인지이기언야}, 無責耳矣^{무책이의}]라고 단언한다.

말에 신중하지 않은 태도는 자신이 한 말에 책임지지 않으려는 무책임에서 비롯된다.

송대 성리학자 정이^(程頤, 1033~1107)는 「언잠^{言箴}」을 지어 말의 순기능과 역기능에 대해 다음과 같이 설명한다.

"사람의 마음 움직임은 '말'로 표출되며, 말은 마음의 거울이다. 말을 내뱉을 때 조급하거나 경솔하지 않아야 마음이 고요해지고, 한 가지에 집중할 수 있다. 이처럼 '말'은 사물의 기틀이 되며, 그 한마디가 전쟁을 일으키기도 하고, 우호를 다지기도 한다. 길흉화복과 영욕은 모두 말에서 비롯된다. 말이 가벼우면 그 내용도 허망해지고, 말이 번잡하면 듣는 이가 피로해진다. 내가 경솔하고 거친 말을 하면, 상대 역시 나에게 무례한 말로 되갚는다. 그릇된 말은 반드시 그릇된 말로 돌아온다. 그러므로 법도에 맞지 않는 말은 삼가야 하며, 타인의 훈계는 경청해야 한다[『論語集註논어집주·顔淵안연』: 人心之動인심지동 因言以宣인언이선, 發禁躁妄발금조망 內斯靜專내사정전. 矧是樞機신시추기 興戎出好흥융출호, 吉凶榮辱길흉영욕 由其所召유기소소. 傷易則誕상이즉탄 傷煩則支상번즉지, 己肆物忤기사물오 出悖來違출패래위. 非法不道비법불도 欽哉訓辭흠재훈사]."

  '말'과 '언사'의 중요성을 내포한 '신信'은 유학적 사유 속에서 개인의 윤리를 넘어 사회적 규범으로 자리 잡았다. 이는 '신信'이 공동체를 강화하고 유지하는 데 필수적인 윤리적 기반이 되었기 때문이다. 유가에서 '신信'은 말로만 머무르지 않는다. 그것은 행동으로 옮겨지는 약속이자, 신뢰라는 이름의 실천 윤리이며, 구성원 간의 관계를 지속 가능하게 만드는 사회적 접착제다.

  아미와 BTS가 오랜 시간에 걸쳐 쌓아 온 관계 역시 이 '신信'의 기반 위에서 자라난 것이다. 진심 어린 말, 성실한 약속, 그리고 실천을 통해 쌓은 신뢰야말로, 오늘날 그들의 굳건한 공동체를 가능케 한 윤리적 토대였다.

  '信신'은 유가 전통 안에서 '신의信義', '신약信約', '충신忠信', '성실誠實' 등의 개념으로 구체화되어, 개인윤리와 더불어 사회윤리의 핵심 구성 요소가 되었다. 다시 말해, '신信'은 '개인 대 개인',

'개인 대 집단', 그리고 '집단 대 집단'이라는 다양한 사회적 관계 속에서 반드시 지켜야 할 도덕적 약속이자 책임이다.

바로 이 지점에서 BTS와 아미가 피워 낸 '신(信)'이라는 꽃이 더욱 돋보인다. BTS는 언제나 진심 어린 말과 음악, 꾸준한 실천을 통해 자신들의 약속을 지켰고, 아미는 그 말의 무게를 함께 감당하며 신뢰의 꽃을 키워냈다.

신뢰는 오랜 과정을 통해 자라나는 꽃이다. 그 꽃은 순간의 감정이나 열광으로는 피워 낼 수 없다. 그것은 말과 행동이 일치하는 과정, 꾸준한 성실성과 상호 존중 속에서 피어난다. BTS와 아미는 함께 그 꽃을 피웠고, 이제 우리는 그 꽃이 또 어떤 열매로 이어질지 지켜보고 있다.

02

'신信'이 가능케 한 충서의 실천

'신信'은 '신약信約'과 '성실誠實'의 의미를 품고 있으며, 이는 곧 '인仁'을 실천하는 하나의 구체적인 방법이다. 공자와 제자 자장 子張의 대화는 이 점을 잘 보여준다. 자장이 공자에게 '인仁'이란 무엇인지 묻자, 공자는 이렇게 답한다.

"공손함, 관대함, 신뢰, 민첩함, 은혜로움[恭寬信敏惠 공관 신민혜]이다. 공손하면 모욕을 당하지 않게 되고, 관대하면 많 은 사람을 얻게 되며, 신뢰를 얻으면 사람들이 일을 맡기게 되 고, 민첩하면 공적이 생기며, 은혜로우면 사람을 다스릴 수 있 다[『論語논어·陽貨양화』: 子張問仁於孔子 자장문인어공자, 孔子曰 공자 왈: 能行五者於天下爲仁矣 능행오자어천하위인의. 請問之 청문지. 曰왈

: 恭寬信敏惠^{공관신민혜}. 恭則不侮^{공즉불모}, 寬則得衆^{관즉득중}, 信則人任焉신^{즉인임언}, 敏則有功^{민즉유공}, 惠則足以使人^{혜즉족이사인}].”

여기서 '신^信'은 언어적 진실성에 국한되지 않는다. 그것은 타인의 신뢰를 가능하게 하고, 사회적 역할을 가능케 하며, 공동체 속에서 도덕적 역량을 실현하는 핵심 자질이다. 다시 말해, '신^信'은 '인^仁'을 완성해 가는 다섯 가지 실천 원리 중 하나로 자리하며, 다른 덕목들과 어우러져 조화를 이루어낸다.

이러한 '신^信[신뢰]'은 유가의 기본 덕목인 '인의예지^{仁義禮智}'를 완성하는 동시에, 그것들을 드러내 보여주는 실천적 덕목이기도 하다. 한편 '인의예지^{仁義禮智}'는 모든 인간의 심성 속에 내재 된 본래의 속성이지만, 눈에 보이지는 않는다. 누구나 가지고 있지만 겉으로는 드러나지 않기 때문에, 그것이 실제로 존재하는지를 확인하려면 어떤 구체적 행위나 관계 속에서 드러나야 한다.

그렇다면 '인의예지^{仁義禮智}'가 정말 존재하고 작동하고 있음을 어떻게 알 수 있을까? 그것을 증명해 주는 것이 '신^信'이라는 덕목이다. 말과 행위, 약속과 신뢰를 통해 드러나는 '신^信'은, 인간 내면의 도덕성 즉 '인의예지'가 현실 속에서 구현되고 있음을 보여주는 가장 분명한 징표다.

송대(宋代)의 성리학자 정이(程頤)는 '인의예지신(仁義禮智信)'의 각 덕목을 다음과 같이 설명하며, 특히 '신(信)'이 이 모든 덕목을 실제로 작동하게 만드는 바탕이라고 강조한다. "'인(仁)'은 공공성을 지닌 덕목이며, 곧 이 모든 덕목의 중심이다. '의(義)'는 마땅함으로서, 저울로 무게를 재듯 옳고 그름을 분별하는 것이다. '예(禮)'는 사물과의 관계를 구별하여 질서를 세우는 것이며, '지(智)'는 아는 것이다. 그리고 '신(信)'은 이러한 덕목들이 존재하고 작용할 수 있도록 만드는 힘이다[『二程全書(이정전서)』: 仁者(인자) 公也(공야), 仁此者也(인차자야). 義者(의자) 宜也(의야), 權量輕重之極(권량경중지극). 禮者(예자) 別也(별야), 智者(지자) 知也(지야), 信者(신자) 有此者也(유차자야)]."

주희(朱熹) 역시 '인의예지(仁義禮智)'가 현실 속에서 실재적으로 표현될 수 있는 것은 바로 '신(信)' 덕분이라고 단언한다. 그는 말한다.

"이른바 '신(信)'이 '신(信)'으로 작동할 수 있는 것은, 그것이 실제적인 이치를 갖고 있기 때문이다. 인간의 본성을 이루는 '인의예지(仁義禮智)'는 모두 실제로 존재하며, 거짓이 없다. 그런데 이 네 가지 덕목을 실제 삶에서 드러나게 하고 작동하게 만드는 것, 그것이 곧 '신(信)'이다[『論語或問(논어혹문)』: 夫信之爲信(부신지위신), 實有之理也(실유지리야). 凡性之所謂仁義禮智(범성지소위인의예지), 皆實有而無妄者(개실유이무망자), 信也(신야). 所謂實理者(소위실리자), 是也(시야)]."

유학적 사유 안에서 '인의예지仁義禮智'는 후천적으로 획득되는 성질이 아니다. 그것은 인간이라면 누구나 태어날 때부터 지닌 내면의 본성으로, 인간 존재의 도덕적 가능성을 전제로 한다. 그런데 흥미롭게도, 유가의 오상五常 가운데 하나인 '신信'은 '인의예지仁義禮智'처럼 별도의 항목으로 병렬되기보다는, 이 네 가지 덕목과 함께 작동하며 그 실천을 가능케 하는 역할을 한다. 다시 말해 '신信'은 따로 자리를 차지하고 있지는 않지만, '인의예지仁義禮智'의 실현과 완성을 돕는 결정적 덕목으로 기능한다.

예를 들면 이렇다.
그 사람이 어진(仁) 행동을 하면,
사람들은 "그는 어진 사람이다"라고 믿게(信) 된다.
그 사람이 의로운(義) 결정을 내리면,
사람들은 "그는 의로운 사람이다"라고 믿게(信) 된다.
그 사람이 예의 바른(禮) 태도를 보이면,
사람들은 "그는 예를 아는 사람이다"라고 믿게(信) 된다.
그 사람이 지혜로운(智) 선택을 하면,
사람들은 "그는 지혜로운 사람이다"라고 믿게(信) 된다.

이처럼 '신信'은 '인의예지仁義禮智'를 드러내는 窓창이자, 그것들을 현실에서 작동하게 하는 신뢰의 기반이다.

정리하자면, 인간의 본성인 '인의예지仁義禮智'는 '신信'이라는 믿음을 통해서만 실재적으로 확인될 수 있다. '인의예지仁義禮智'는 인간이라면 누구나 내면에 지닌 고유한 성질이지만, 눈으로 확인할 수 있는 것은 아니다. 우리는 그 사람의 도덕적 행위를 보고서야, 그 사람이 '인의예지仁義禮智'를 지닌 존재임을 믿게 되는 것이다.

다시 말해, 무형의 덕목들은 '신信'을 통해 비로소 현실 속에서 드러나고, 인간이 본래부터 그러한 고귀한 본성을 지닌 존재임이 확인된다.

이제 우리는 스스로에게 이렇게 물어야 할지도 모른다.
"나 역시, 내 안의 고귀한 것들을 이제는 보여줘야 할 때가 아닌가?"

이 질문은 개인적 성찰에 머무르지 않는다. 그것은 관계 속에서의 윤리적 실천을 요구한다. 그리고 그 중심에는 '충서忠恕'와, 이를 가능케 하는 '신信'이 있다.

'충서忠恕'는 결코 일방적인 윤리가 아니다. 나의 진심[忠]이 타인에게 닿기 위해서, 그리고 타인의 마음[恕]을 헤아리기 위해서는, 그 사이에 '신信'이 반드시 놓여야 한다. 서로를 신뢰하

지 않고서는 자신의 마음을 열 수도, 상대의 아픔에 공감할 수
도 없다.

BTS와 아미가 보여준 관계는, 바로 이 신뢰의 토대 위에서
'충서忠恕'가 오고 간 보기 드문 사례. BTS는 무대 위뿐 아니
라 무대 밖에서도 일관된 진심과 책임 있는 태도를 보여주었고,
아미는 그 진심을 믿으며 때로는 기다려주고, 때로는 용기 내어
다가섰다. 그 과정에서 두 존재는 서로의 '충忠'을 받아들이고,
'서恕'를 실천할 수 있는 관계로 발전했다.

예컨대 BTS가 활동 중단이나 군 복무와 같은 중대한 결정
을 내릴 때, 아미는 놀라고 아쉬워하면서도 그 결정을 존중하고
지지했다. 이는 감정적 지지를 넘어서, 서로에 대한 깊은 '신信'의
표현이었다. 그런 신뢰가 있었기에, BTS도 그간의 진심을 믿고
다시 돌아올 수 있었고, 아미도 그 빈자리를 기다림과 응원으
로 채울 수 있었다.

'충서忠恕'는 진심으로 서로에게 다가가려는 마음에서만
피어난다.
신뢰 없는 '충忠'은 일방적인 강요가 되고,
신뢰 없는 '서恕'는 자기희생으로 흐르기 쉽다.

하지만 BTS와 아미는 서로를 믿었고, 그 믿음이 있었기에 상대의 진심을 온전히 받아들일 수 있었다.

BTS가 아미에게,
"당신의 이야기를 들려달라"고 말할 수 있었던 이유,
아미가 BTS에게 "당신의 슬픔을 함께 안겠다"고 다가설 수 있었던 이유, 그 모든 순간의 바탕에는 '신信'이 있었다. 결국, '신信'이 있었기에 '충서忠恕'는 가능했다.

그 윤리적 실천은 지금도 현재진행형이다.

서로를 믿고 기다려주며,
기꺼이 마음을 내어준 모든 순간이,

바로 그 실천이었다.

03

'도덕 감정 공동체'를 지탱하는
신뢰와 충서

1) '신信' : 약속과 믿음으로 지탱되는 공동체

'신信'이라는 덕목에는 본래부터 '약속의 이행'이라는 전제가 깔려 있다.

공자의 제자 유자有子는 이렇게 말했다.

"약속이 의로움에 가까우면, 그 말을 실천할 수 있다[『論語 논어·學而학이』 : 有子曰유자왈 : "信近於義신근어의, 言可復也언가복야]."

이에 대해 주희는 '신信'의 속성 안에 '약속'의 의미가 내포되어 있다고 풀이한다.

"신信은 '약속에 대한 믿음'이다. 말로 약속할 때, 그것이 마땅함에 부합한다면, 그 말은 반드시 실천될 수 있다[『論語集註논어집주·學而학이』: 信신, 約信也약신야.⋯⋯ 言約信而合其宜언약신이합기의, 則言必可踐矣즉언필가천의]."

상하上下 간의 관계에서도 '신信', 즉 신뢰는 상호협력을 이끌어 내는 핵심적인 역할을 한다. 이러한 협력은 기계적 결과가 아닌, 도덕적 조건이 충족될 때에만 가능한 관계의 결실이다. 특히, 상하 간의 도덕적 신뢰는 윗자리에 있는 사람의 태도에 크게 좌우된다.

공자의 제자 자하子夏는 위정자에게 있어서 신뢰의 중요성을 다음과 같이 말했다.

"군자는 백성에게 신뢰를 얻은 뒤에야 그들을 부려야 한다. 신뢰를 얻지 못한 채 백성들을 부리면, 백성은 자신들이 괴롭힘을 당한다고 여길 것이다[『論語논어·子張자장』: 子夏曰자하왈: "君子信而後勞其民군자신이후로기민, 未信則以爲厲己也미신즉이위려기야]."

즉, 신뢰가 전제되지 않으면 어떤 행정이나 통치도 백성에게

억압으로 간주 될 수 있다. 이는 지도자가 도덕적 정당성을 확보하지 못했을 때 발생하는 문제다.

　반대로, 신뢰를 얻은 위정자는 백성의 자발적인 협력을 이끌어낼 수 있다. 이러한 상호 신뢰를 바탕으로 형성된 조화로운 관계를 '인화[人和]'라고 부른다.
　'인화[人和]'는 단기적 감정의 일치가 아니라, 하늘의 때[天時], 땅의 이로움[地利]보다도 더 강력한 힘이다.

　맹자는 이렇게 말했다. "하늘의 움직임[天時]은 지리적 이로움[地利]만 못하고, 지리적 이로움은 사람들의 화합[人和]만 못하다." 즉, 아무리 지리적 이점이 있고, 시기가 좋아도 사람들 사이에 신뢰와 협력이 없다면 이길 수 있는 전쟁에서조차 이길 수 없다는 뜻이다.

　삼리[三里]나 되는 성[城]과 칠리[七里]나 되는 외성[外城]으로 포위하고 공격해도 패할 수 있다. 성벽이 높지 않아서도 아니고, 해자가 얕아서도 아니며, 병기가 열등하거나 식량이 부족해서도 아니다. 결국 패배의 원인은 '인화[人和]'의 부재, 즉 사람들 사이의 신뢰와 조화가 깨졌기 때문이다[『孟子[맹자]·公孫丑下[공손추하]』: 孟子曰[맹자왈] : 天時不如地利[천시불여지리], 地利不如人和[지리불여인화]. 三里之城[삼리지성], 七里之郭[칠리지곽], 環而攻之而不勝[환이공지이불승].

夫環而攻之^{부환이공지}, 必有得天時者矣^{필유득천시자의}; 然而不勝者^{연이불승자}, 是天時不如地利也^{시천시불여지리야}. 城非不高也^{성비불고야}, 池非不深也^{지비불심야} 兵革非不堅利也^{병혁비불견리야}, 米粟非不多也^{미곡비불다야}; 委而去之^{위이거지}, 是地利不如人和也^{시지리불여인화야}]."

신뢰는 위에서 아래로 일방적으로 흘러가는 것이 아니다. 상호 간의 약속과 책임 속에서 형성되고 작동한다. 그러나 위정자의 책임이 더 무거운 것은 사실이다. 윗사람의 도덕적 태도는 아랫사람에게 기준이 되고, 본보기가 되기 때문이다.

신뢰는 명령이나 강제로 얻을 수 있는 것이 아니다. 오직 도덕적 일관성과 진심에서 비롯된 태도만이 상대의 자발적 공감과 동참을 이끌어낼 수 있다. 그런 점에서 신뢰는 공동체의 조화를 가능케 하는 가장 강력한 도덕적 자산이다.

2) '충서忠恕'와 '경敬' : 타인을 존중하는 도덕적 리더십

공자는 도덕적 감화의 메커니즘을 이렇게 설명한다.

"윗사람이 '예(禮)'를 좋아하면,

백성들은 윗사람을 공경하게 된다.

윗사람이 '의(義)'를 좋아하면,

백성들은 자발적으로 따르게 된다.

윗사람이 '신(信)'을 좋아하면,

백성들은 감히 성실하지 않을 수 없게 된다."

이와 같이 지도자가 도덕적 덕목을 몸소 실천할 때, 사람들은 스스로 그를 따르게 된다. 심지어는 "사방의 백성들이 자식을 등에 업고서라도 그 나라의 백성이 되기 위해 찾아올 것이다[『論語논어·子路자로』: 上好禮상호례, 則民莫敢不敬즉민막감불경. 上好義상호의, 則民莫敢不服즉민막감불복, 上好信상호신, 則民莫敢不用情즉민막감불용정. 夫如是부여시, 則四方之民襁負其子而至矣즉사방지민강부기자이지의]."

이것이 유학에서 말하는 진정한 리더십의 조건, 신뢰를 바탕으로 한 도덕적 통치다.

위정자의 솔선수범은 백성들에게 도덕적 본보기가 된다. 도덕적 의무는 개인에게만 해당되는 것이 아니라, 타인 역시 그 의무를 나에게 이행하길 기대할 수 있는 쌍방적 성격을 지닌다. 이러한 쌍무적 도덕은 지도자의 모범에서 비롯된 신뢰를 기반으로 확장된다. 삶의 변화는 바로 이 도덕적 신뢰에서 비롯된 상호협력으로 나타난다.

특히 '일'을 대하는 자세에서 위정자가 진심과 존중의 태도를 보일 때, 아랫사람은 도덕적 감화를 받아 자발적으로 협력하게 된다.

주희는 이를 이렇게 해석한다.

"일을 공경스럽게 수행하여 신뢰를 얻게 된다는 것은, 그가 그 일을 진지하고 정성껏 대했기 때문에 백성들이 그를 믿게 된다『論語集註논어집주·學而학이』: 敬事而信者경사이신자, 敬其事而信於民也경기사이신어민야]."

'일[事]'이란 기능적 과업이나 일상적 업무를 넘어, 인간이 세상을 살아가며 마주치는 모든 대상, 사건, 관계와 그에 대한 대응 행위까지를 포괄하는 개념이다. 이러한 '일'을 대하는 태도에서 핵심이 되는 덕목이 바로 '경敬'이다.

'경敬'은 타인을 대하는 공손한 태도이자, 모든 일에 임하는 진중하고 성실한 자세를 의미한다. 즉, 겉으로 드러나는 공경의 모습은 곧 내면의 진심 어린 마음가짐에서 비롯된다. "敬事而信경사이신"은 바로 이러한 태도에서 비롯된 신뢰를 말한다. 주희는 이를 "몸소 먼저 실천해야 한다『論語集註논어집주.學而학이』: 敬事而信경사이신, 以身先之也이신선지야]."라고 강조했다.

윗사람이 일에 임하는 태도를 솔선수범하여 보여주면, 아랫사람은 그 모습을 보고 자연스럽게 감화되어, 자신 또한 공경의 마음으로 일에 임하게 된다. 이처럼 도덕적 감화는 억지로 강요되어 얻어지는 것이 아니라, 모범적인 실천을 통해 자연스럽게 전이되는 것이다.

따라서 도덕성이 결여된 위정자는 백성들에게 도덕적 태도를 요구할 자격이 없다. 윗자리의 도덕적 행위는 아랫사람들에게 감화를 일으키는 결정적 동기이기 때문이다.

지도자의 말과 행동이 도덕적 정당성을 갖추지 못하면, 백성은 이를 따르기보다는 불신하게 되고, 사회 전체의 도덕적 기반이 흔들릴 수밖에 없다. 반면 도덕으로 감화된 아랫사람은 윗사람의 모범을 본받아, 일에 대해서든 사람을 대함에 있어서든 공경과 성실의 자세로 임하게 된다.

"군자의 덕은 바람이고, 소인의 덕은 풀이다. 풀 위로 바람이 지나가면 풀은 반드시 눕게 된다[『論語논어·顏淵안연』: 君子之德風군자지덕풍, 小人之德草소인지덕초. 草上之風초상지풍, 必偃필언]."

즉, 지도자의 도덕적 품성[德덕]은 마치 바람처럼 보이지 않지만, 주변에 강력한 영향을 미치며, 백성이나 아랫사람들은 그에 따라 움직이게 된다는 의미다. 이는 도덕적 감화의 자연스러운 힘을 상징하며, 억압이나 강제가 아닌 내면적 울림에 의한 변화를 말한다.

이처럼 도덕적인 리더의 영향력은 억지로 강요하지 않아도 사람들의 행동과 마음을 자연스럽게 변화시킨다. 맹자 또한 이를 덧붙이며 이렇게 말했다. "군자가 지나간 곳은 교화된다[『孟子맹자·盡心上진심상』: 夫君子所過者부군자소과자, 化화]."

도덕적 인격을 갖춘 이의 존재는, 그 자체로 교육이자 감화의 힘을 지닌다. 진정한 리더십은 말이 아니라 행동으로, 권위가 아니라 신뢰로부터 비롯된다.

공자와 맹자의 가르침은, 도덕적 성품을 지닌 이의 솔선수범이 사람들로 하여금 자연스럽게 도덕적 감화를 불러일으키는 원동력으로 작용한다는 점을 일관되게 강조한다. 위정자가 도덕적 행위로 모범을 보이면, 아랫자리는 그 감화에 반응하여 신뢰, 즉 '신信'이라는 놀라운 도덕적 결과를 만들어낸다. 이렇게 형성된 신뢰는 절차적 복종을 넘어, 때로는 자신의 생존권조차도 내어놓을 수 있을 만큼의 충성과 협력으로 이어진다.

자공子貢이 정치에 대해 여쭈었다. 이에 공자는 세 가지를 들었다. "양식을 풍족히 하고, 병사를 충분히 확보하며, 백성들로부터 신뢰를 얻는 것이다." 자공이 다시 물었다. "부득이하게 이 셋 중 하나를 버려야 한다면, 무엇을 먼저 버려야 합니까?" 공자는 대답했다. "병사를 버려야 한다." 자공이 다시 물었다. "그렇다면 남은 둘 중 하나를 또 버려야 한다면, 무엇을 포기해야 합니까?" 공자는 이렇게 답했다. "양식을 버려야 한다. 사람은 원래 언젠가는 죽는 존재다. 하지만 '신의信義'가 없으면, 사람은 설 수조차 없다[『論語논어·顏淵안연』: 子貢問政자공문정, 子曰자왈 : 足食족식, 足兵족병, 民信之矣민신지의. 子貢曰자공왈 : 必不得已而去필부득이이거, 於斯三者何先어사삼자하선. 曰왈 : 去兵거병. 子貢曰자공왈 : 必不得已而去필부득이이거, 於斯二者何先어사이자하선. 曰왈 : 去食거식, 自古皆有死자고개유사, 民無信不立민무신불립]".[12]

"믿음이 없다면 설 수조차 없다"는 '無信不立무신불립'은 정

---

12) 『논어』 「안연」: "民無信不立" — 백성의 신뢰 없는 정치가 설 수 없다는 공자의 정치 철학을 압축한 문장이다.

치에서 '신信'이 차지하는 절대적 중요성을 압축적으로 드러낸 표현이다. 공자는 생존을 위한 식량이나 군사력보다 더 근본적인 것이 통치자에 대한 백성의 '신뢰'라고 보았다. 아무리 물질적 조건이 충족되더라도, 믿음을 상실한 정치는 존립할 수 없다. 공자의 이 가르침에 대해 주희는 다음과 같이 해석했다. "신의를 잃어버리면 비록 살아 있더라도 스스로 설 수 없을 만큼 아무것도 남지 않게 된다. 이럴 바엔 차라리 죽음이 더 평안할 수도 있다. 그러므로 나는 죽더라도 백성에게 신뢰를 잃지 않게 해야 하고, 백성 또한 죽더라도 나를 믿는 마음을 잃지 않아야 한다[『論語集註논어집주·學而학이』：無信則雖生而無以自立무신즉수생이무이자립, 不若불약 死之爲安사지위안. 故고 寧死而不失信於民령사이부실신어민, 使民亦寧死而不失信於我也사민역령사이부실신어아야]."

이는 '정치의 본질'이 곧 '도덕적 신뢰 관계'에 있다는 사실을 재확인시킨다.

윗자리의 모범적인 자세가 아랫자리를 교화하는 동기로 작용한다면, 아랫자리의 태도는 윗사람에게서 얻은 신임의 정도에 따라 그 결과가 달라진다. 아랫사람은 윗사람이 도리에 어긋난 행동을 할 경우, 마땅히 바른 소리[諫간]를 해야 할 도덕적 의무가 있다. 그러나 '간'이 언제나 선한 결과를 낳는 것은 아니다.

자하^{子夏}는 이러한 상황에 대해 다음과 같이 경계한다.

"아랫사람으로서 윗사람이 잘못을 고치기를 바란다면 간 언하는 것은 당연한 도리이다. 하지만 만약 윗사람에게 두터운 신임을 얻지 못한 상태에서 간언하면, 오히려 윗사람이 그것을 비방으로 받아들일 것이다[『論語^{논어}·子張^{자장}』: 信而後諫^{신이후간}, 未信^{미신} 則以爲謗己也^{즉이위방기야}]."

이것은 '신뢰'가 확보되지 않은 상황에서의 '바른말'은 오히 려 갈등과 불신을 불러올 수 있음을 경고한 것이다. 곧, '諫^간' 역시 도덕적 관계가 상호 신뢰에 기반해야만 진정한 의미를 갖 게 된다.

3) 신뢰와 감화가 만드는 도덕 감정 공동체

주자朱子는 윗사람과 아랫사람의 관계에 있어 무엇보다 '誠意성의'를 강조하였다. 그는 이렇게 말했다. "윗자리를 섬기거나 아랫사람을 부릴 때, 반드시 서로 성의를 다해 교류한 뒤에야, 비로소 각자의 뜻하는 바를 이룰 수 있다[『論語集註논어집주·子張자장』: 皆必誠意交孚개필성의교부. 而後可以有爲이후가이유위]."

즉, 위아래의 관계라 할지라도 일방적 명령과 복종이 아니라, 성의 있는 마음과 상호 이해가 먼저 전제되어야 한다는 것이다. 이와 같은 성의는 곧 '신뢰'의 토대가 되며, 그 신뢰 위에서만 건강한 관계와 공동체가 형성된다.

상하上下 간의 '신의信義'는 둘 사이의 관계를 굳건히 지켜주는 연결고리다. 위아래의 관계는 혈연처럼 타고난 것도 아니고, 벗과 같이 수평적인 관계는 더더욱 아니다. 그렇기에 이질적인 두 위치 사이에서 충성과 협력을 이끌어 내기 위해서는 '신의'가 반드시 필요하다. 그러나 그 '신의'는 일방의 덕목이 아니다. 윗사람과 아랫사람 모두가 성실한 태도로 신의를 실천하며, 그것이 쉼 없이 상호 순환될 때 비로소 건강한 관계가 유지된다.

결국 '신信'은 단순한 감정이나 막연한 신념이 아니다. 그것은 실천을 통해 증명되고, 관계 속에서 살아 움직이는 윤리적 행위다. 정치든 사회든, 그리고 우리의 일상 속 인간관계든, 이 '신의'는 모든 공동체를 떠받치는 가장 근본적인 토대임을 우리는 잊지 말아야 한다.

주지하듯 '신信'이라는 덕목에는 본래부터 '약속의 이행'이라는 전제가 깔려 있다. 공자의 제자 유자는 "信近於義, 言可復也신근어의 언가복야"라 하여, 도리에 부합하는 약속만이 실천이 가능한 것임을 강조하였다. 주희 또한 '신'을 "약속을 지키는 믿음"이라 정의하며, 도덕적 당위성과 실천 가능성의 결합을 중요한 덕목으로 보았다.

이러한 신뢰는 공동체 내 상하 관계에서도 핵심이다. 자하는 "백성이 믿지 않으면 설 수 없다[無信不立무신불립]"고 했고, 맹자는 "天時不如地利천시불여지리, 地利不如人和지리불여인화[하늘의 때나 땅의 이치보다 더 중요한 것은 사람 사이의 조화]"라고 하였다. 신뢰는 억지로 강제되는 것이 아니라, 도덕적 정당성과 일관된 실천에서 비롯된다.

따라서 '敬事而信경사이신' 즉 일을 공경하는 마음과 신의 있는 자세는 단지 일에 대한 태도를 넘어, 관계에 임하는 마음가짐을 말한다. 진심과 존중, 그리고 공경의 태도는 공동체 내에서 강한 신뢰를 낳고, 그 신뢰는 곧 공동체의 도덕적 에너지로 이어진다. 지도자가 먼저 도덕적 모범을 보이면, 구성원들은 자연스레 그 도를 따르게 된다.

"君子之德風, 小人之德草. 草上之風, 必偃."
군자의 덕은 바람 같고, 백성은 풀과 같아
바람이 지나가면 풀은 반드시 눕는다.

이처럼 진정한 리더십은 말이 아닌 실천으로, 강요가 아닌 신뢰로 완성된다.

그리고 그것이 바로 '신信'과 '충서忠恕'로 지탱되는 도덕공동체의 모습이다.

이러한 '신信'의 윤리는 BTS와 아미의 관계 속에서도 깊이 구현되고 있다.

BTS는 데뷔 초기부터 아미와의 신뢰를 최우선의 가치로 삼아왔다. 무대 위에서든, 일상에서든 그들은 늘 진정성 있는 언어와 행동으로 팬들과 소통해 왔다. '우리는 팬들을 속이지 않는다'는 그들의 원칙은 공허한 선언에 그치지 않았다. 팬들은 이 진정성을 꾸준히 체감했고, 자연스럽게 BTS의 말과 행동에 깊은 신뢰를 쌓아왔다.

예컨대, BTS는 앨범 작업이나 사회적 메시지를 전할 때마다 자신의 고민과 방향을 투명하게 공유했다. 이는 팬들이 결과에만 머무르지 않고, 그 '과정' 자체를 신뢰하게 만드는 중요한 태도였다. 그들의 말 한마디, 행동 하나하나에는 공자의 제자 유자의 말처럼 "信近於義^{신근어의}", 즉 '의로움에 가까운 믿음'이 담겨 있었고, 이는 현실 속 실천으로 이어졌다.

그래서인지 팬들은 표면적인 '좋아하는 마음'이 아니라, 그들의 길에 함께 책임지는 도덕적 연대의 감정을 품을 수 있었다. 그 감정은 공감을 넘어, 상호 신뢰와 헌신이 살아 있는 공동체로 발전했다.

"신뢰는 곧, 도덕의 숨결이다"

BTS의 리더 RM은 이렇게 말했다.
"우리는 여러분을 믿습니다. 여러분도 우리를 믿어주세요."

이 짧은 문장 속에는 공자의 정치철학, 즉 "民信之矣^{민신지의}" – 백성이 통치자를 믿게 하는 일이 가장 중요하다는 믿음– 이 자연스럽게 스며들어 있다.

물론 BTS는 정치인이 아니다. 그러나 오늘날 우리 사회에

절실히 필요한 '신뢰 공동체'의 모델로서, 그들의 존재는 연예인의 범주를 넘어서는 상징적 의미를 지닌다.

'신信'의 윤리는 '충서忠恕'의 윤리와 깊이 맞닿아 있다. 신뢰는 결코 일방적이거나 강요로 쌓이지 않는다. 그것은 서로의 마음을 이해하고, 감정을 헤아리며, 약속을 지키고 기다리는 태도에서 비롯된다. BTS는 언제나 팬들에게 마음을 다해 다가갔고, 팬들 역시 그 진심에 응답하며 그들을 지지하고 믿었다. 이처럼 상호적이고 지속적인 관계는 맹자가 말한 "人和인화", 곧 사람 사이의 조화 그 자체다.

우리가 BTS와 아미의 관계에서 주목해야 할 가장 중요한 가치는 바로 신뢰의 지속가능성이다. 신뢰는 하루아침에 만들어지지 않는다. 말과 행동, 그리고 그 속의 진심이 쌓여야만 형성되는 관계적 자산이다. 만약 그런 축적이 없었다면, BTS가 10년이 넘도록 전 세계 팬들과 깊이 연결될 수는 없었을 것이다.

04

진심과 공경으로 이루는 인간다움, '충신忠信'

'신信'은 인간 본래의 도덕성, 곧 '인의예지仁義禮智'를 완성으로 이끄는 실천적 덕목이다. 공자는 다음과 같이 말했다.

"군자는 의로움을 바탕으로 삼고(義以爲質),
예의로 행동하며(禮以行之),
공손함으로 드러내고(孫以出之),
신뢰로써 완성한다(信以成之).

이것이야말로 군자다[『論語논어·衛靈公위령공』: 子曰자왈 : 君子義以爲質군자의이위질, 禮以行之예이행지, 孫以出之손이출지, 信以成之신이성지, 君子哉군자재!]."

여기서 말하는 '신信'은 단순히 말과 행동이 일치하는 태도를 넘어, 내면의 진실함이 타인과의 관계 속에서 드러나는 윤리적 완성을 의미한다. 신은 실천을 통해 신뢰를 쌓아가는 관계 윤리의 핵심이며, 인간다움의 마지막 조각이라 할 수 있다.

한편 '충忠'은 내면의 성실함을 외적으로 구현하는 실천 덕목이다. '신'이 마음의 진실함이라면, '충'은 그것을 행동으로 드러내는 태도다. 이 두 덕목은 서로를 보완하며 함께 작동할 때, 인간의 도덕성이 안과 밖에서 하나로 통합되는 '내외합일內外合一'이 이루어진다.

흔히 '충'을 국가에 대한 충성이나 복종으로 좁게 이해하기 쉽지만, 이는 본래 의미에서 벗어난 해석이다. 장대년(2012)은 "신하가 군주를 대하는 하나의 준칙일 뿐 아니라, 사람이 사람을 대하는 보편 윤리"라고 말하며, '충'을 보다 평등한 인간관계의 원칙으로 본다.

주희는 『논어집주·학이』에서 "자신을 다하는 것이 충이다[盡己之謂忠진기지위충]"라 풀이했고, 『춘추좌전·성공구년』은 "사사로운 욕심이 없는 것이 충이다[無私무사, 忠也충야]"라고 정의한다. 『설문해자』는 '충'을 공경(恭敬)의 실천으로 설명한다[忠충, 敬也경야].

정리하면, '충'은 타인을 향한 공경의 태도라고 하는 '외면 윤리'이며, '신'은 진실한 마음이 자리한 '내면 윤리'다. 이 두 덕목이 하나로 어우러질 때, 진심과 공경이 일치하는 도덕적 성숙, 곧 '충신忠信'이 완성된다.

공자는 '충신'을 삶의 핵심 가치로 삼아야 한다고 강조한다.

"충성과 신의를 삶의 근본으로 삼고, 자신보다 못한 사람과는 벗하지 말며, 잘못이 있으면 고치기를 주저하지 말라[『論語논어·學而학이』: 主忠信주충신, 無友不如己者무우불여기자, 過則勿憚改과즉물탄개]."

공자는 '忠信충신'을 삶의 출발점이자 중심 가치로 삼아야 한다고 명시하고 있다. 또한 도덕적 성숙을 위해선 진실한 관계 맺기와 자기 성찰의 용기가 필요함을 설파하고 있다. 특히, 잘못을 고치는 것을 두려워하지 않는 태도는 신뢰와 존중이 지속되기 위한 근본 자세로 읽힌다.

'충신'은 내면의 도덕성과 외면의 실천이 조화를 이루는 핵심 덕목이자, 인간다운 품격을 갖추기 위한 중심축이다. 그러므로 진실한 관계 맺기와 자기 성찰의 용기가 도덕적 성숙의 핵심임을 보여준다. 잘못을 고치기를 두려워하지 않는 태도야말로 신뢰와 존중이 지속되기 위한 기본 조건이다.

또한 공자는 군자의 외적 태도와 내적 성실함이 조화를 이루어야 한다고 말했다.

"군자에게는 도를 귀하게 하는 세 가지의 방법이 있다.
용모를 단정하게 하면 난폭하고 사나운 행동을 멀리하게 되고,
안색을 바르게 하면 다른 사람들로부터 신뢰를 얻을 수가 있으며, 말할 때 비속함을 멀리하면 배반을 면할 수 있다."

[『論語논어·泰伯태백』: 君子所貴乎道者三군자소귀호도자삼, 動容貌동용모, 斯遠暴慢矣사원포만의. 正顏色정안색, 斯近信矣사근신의. 出辭氣출사기, 斯遠鄙倍矣사원비배의].”

우리는 매일 타인과 관계를 맺으며 살아간다. 이때 '용모容貌', '안색顏色', '말言語'은 가장 먼저 외적으로 드러나는 요소다. 그러나 내면이 성실하지 않다면, 그 모습은 외면에서도 드러나기 마련이다. 결국 외적 태도는 내면의 진실함에서 비롯된다. 『禮記예기·大學대학』은 이를 다음과 같이 전한다. "誠於中성어중, 形於外형어외" 즉 "마음속에 성실함이 있으면, 그 성실함은 반드시 밖으로 드러난다."

이처럼 진실한 내면은 언행과 태도로 표출되며, 그것은 결국 타인과의 관계에서 신뢰와 존경을 형성하는 기반이 된다.

'충신忠信'의 정신은 BTS와 아미ARMY의 관계 속에서 깊이 구현되고 있다. BTS는 언제나 음악과 메시지를 통해 내면의 진정성을 드러내 왔고, 아미는 그들의 진심을 감지하고 신뢰하며, 진심으로 응답해 왔다. 이 상호적인 신뢰와 공경은 표면적인 팬덤 관계를 넘어서, 도덕적 연대의 공동체를 형성하게 만들었다.

BTS의 『Love Yourself』 시리즈와 『Speak Yourself』 캠페인은 '신信'의 내면성과 '충忠'의 실천성이 어떻게 연결되는지를 보여주는 대표적인 사례다.

『Love Yourself』 시리즈(2017~2018)는 자아의 발견과 치유, 그리고 사랑의 윤리를 이야기했다.
『Speak Yourself』 캠페인은 2018년 UN 연설을 통해 "자기 자신을 이야기하라"고 호소했으며, 이는 곧 '자신을 사랑하라'는 메시지를 사회적 실천으로 확장시킨 윤리적 요청이었다.

BTS의 진정성 있는 메시지는 언어에만 그치지 않았다. 그들은 정신 건강, 우울, 불안 같은 민감한 주제를 거리낌 없이 다뤘고, 자기 고백의 언어로 이를 세상에 내보였다.

예를 들어, 슈가(민윤기)는 2019년 KBS2 〈Entertainment Weekly〉 인터뷰에서 우울증을 "감기처럼 흔한 질병"이라 언급

하며, 감정의 솔직한 공유가 얼마나 중요한지 강조했다.[13]

또한 그의 믹스테이프 『D-2』 수록곡 「어떻게 지내?」에서는 "청춘과 맞바꾼 나의 성공이란 괴물은 더욱 큰 부를 원해"라는 가사로 성공 뒤에 감춰진 고통과 번 아웃을 진솔하게 고백했다.[14]

이러한 고백은 아미의 공감과 지지를 이끌어 냈다. 그들은 슈가를 훈계하거나 판단하는 대신, 그의 용기에 응답하며 조용히 기다리고 함께했다.

이와 같은 신뢰의 태도야말로 '충忠'과 '신信'이 이론에 머무는 개념이 아니라, 실천되는 윤리임을 증명한다.

그들은 함께 고통을 나누고, 진심으로 연결되며, 서로를 도덕적 존재로 존중하고 신뢰해 온 것이다.

"誠者성자, 天之道也천지도야 ; 誠之者성지자, 人之道也인지도야."

"성실은 하늘의 도리이며, 성실을 이루려는 것은 사람의 도리이다."라고 하는 『中庸중용』의 가르침은 인간은 도덕적 가치를 실천할 수 있는 존재임을 밝혀준다.

---

13) KBS2 〈Entertainment Weekly〉, 2019.03.29. 슈가 인터뷰 내용 참조
14) 슈가 (Agust D), 「어떻게 지내?」, D-2 앨범 수록곡, 2020. 가사 중 "청춘과 맞바꾼 나의 성공이란 괴물은 더욱 큰 부를 원해"는 그가 겪은 번 아웃과 성공에 대한 부담을 표현한 부분이다.

도덕적 가치는 돈으로 살 수 없으며, 반복된 진심과 실천 속에서 증명되며, 결국 품격과 숭고함으로 드러난다. 도덕이란 인간 공동체의 삶을 풍요롭고 고양된 것으로 만드는 본질적 힘이다.

오늘날 BTS와 아미가 보여주는 공동체적 윤리, 즉 '충忠'과 '신信'의 도덕적 연대는 바로 이러한 인간적 가능성의 구현이다.

지금 이 순간에도 우리는 수많은 관계 속에서 나와 타인의 진심을 시험받고 있다. 그럴 때마다 우리의 말과 태도 속에 '충忠'이 살아 있고, 마음속에 '신信'이 숨 쉬고 있다면, 우리는 이미 '충신忠信'의 길을 걷고 있는 것이다.

그리고 그 길 위에는,
언제나 진심으로 연결된
우리의 BTS, 그리고 우리의 아미가 함께 걷고 있다.

05

'충서忠恕',
신信으로 굳어지다

1) '붕우유신'으로 읽는 믿음의 윤리

　도덕적 덕목은 추상적 이상에 그치지 않는다. 유가儒家 전통
에서 말하는 '인仁'은 인간 중심의 도덕 감정으로, 구체적인 삶의
상황에 대응하며 실천되는 삶의 방식이다.

　유가의 덕목은 추상적 관념이 아니라 실천의 방식으로 존
재하며, 그 실천이 가장 먼저 이루어지는 공간은 바로 '가정'이
다. 그리고 가정과 사회 속에서 지켜야 할 기본적인 관계의 규범
이 바로 '오륜五倫'이다.

오륜은 부자유친父子有親, 군신유의君臣有義, 부부유별夫婦有別, 장유유서長幼有序, 붕우유신朋友有信으로 구성되어 있다. 이는 인간 사회의 핵심 관계들 속에서 각자의 도리를 밝히고자 한 유가 윤리의 중심 틀이라 할 수 있다.

맹자는 오륜의 다섯 가지 관계를 도덕규범의 총체로 보고, 인간이 인간답게 살아가기 위해 반드시 배우고 익혀야 할 삶의 윤리로 강조했다.

"사람에게는 살아가는 도리가 있다. 그런데 배불리 먹고 따뜻하게 입고, 편안하게 지내면서도 배움이 없으면 금수禽獸와 다를 바 없다. 성인은 이것을 염려하여 사도司徒: 교육 담당 관리인 설契로 하여금 '인륜人倫'을 가르치게 하였다. 아버지와 아들 사이에는 친함이 있어야 하고, 군주와 신하 사이에는 의리가 있어야 하며, 남편과 아내 사이에는 각자의 도리가 있어야 하고, 윗사람과 아랫사람 사이에는 순서가 있어야 하며, 친구 사이에는 믿음이 있어야 한다[『孟子맹자·滕文公上등문공상』: 人之有道也인지유도야, 飽食포식, 煖衣난의, 逸居而無教일거이무교, 則近於禽獸즉근어금수. 聖人有憂之성인유우지, 使契為司徒사설위사도, 教以人倫교이인륜; 父子有親부자유친, 君臣有義군신유의, 夫婦有別부부유별, 長幼有序장유유서, 朋友有信붕우유신]."

'오륜五倫' 가운데 특히 주목해야 할 항목은 '붕우유신朋友有信'이다. 친구 관계에서 가장 핵심적인 덕목은 바로 '신信', 즉 믿음이다.

붕우 관계는 부모−자식 간이나 부부간처럼 혈연이나 제도적 계약을 기반으로 한 관계가 아니다. 또한 군신君臣 관계처럼 위계적 권력에 따라 형성된 관계도 아니다. 나이나 지위에 따라 자연스럽게 정해지는 관계라기보다는, '덕德'을 중심으로 자발적으로 맺어지는 수평적 관계이다.

바로 이 점에서 '붕우유신'은 유가 윤리 속에서 '인간다운 관계 맺기'의 본질을 가장 뚜렷하게 보여주는 항목이라 할 수 있다.

『孟子맹자·萬章만장』 편에서 만장이 맹자에게 벗을 사귐에 대해 묻자, 맹자는 다음과 같이 답하였다.

"나이 많은 것에 의지하지 말고, 신분이 귀한 것에 의지하지 말며, 지위가 높은 형제에게 의지하지 말고, 벗을 삼아야 한다. 벗을 삼는다는 것은 그 사람의 덕德을 따르는 것이지, 어떤 외적인 조건에 기대서는 안 된다[『孟子맹자·萬章下만장하』: 萬章曰만장왈 : 敢問友감문우. 孟子曰맹자왈 : 不挾長불협장, 不挾貴불협귀, 不挾兄弟而友불협형제이우. 友也者우야자, 友其德也우기덕야, 不可以有挾也불가이유협야]."

이 말은 벗 됨의 근거가 오로지 '덕'에 있음을 명확히 한다. 친구 관계는 나이나 신분, 혈연과 같은 외적 요인에 좌우되지 않으며, 오직 상호 간의 도덕성과 진정성, 곧 '신信'에 기초해야 한다는 것이다. 이는 붕우유신朋友有信이 왜 '수평적 관계 속에서의 도덕적 신뢰'로 읽혀야 하는지를 잘 보여준다.

벗의 관계는 나이나 지위, 혈연과 같은 자연적 요인에 기반하지 않는다. 오히려 사회적 맥락 속에서 자발적으로 형성되는, 인위적인 관계다. 때문에 도덕적으로 더 치열한 관계다. 그렇기에 문제가 발생했을 때 혈연관계처럼 자연스러운 이해와 용서를 기대하기 어렵다.

이러한 특성 때문에 벗의 관계는 더욱 세심한 유지와 배려가 필요하다. 바로 그러한 관계를 지속시키는 핵심 끈이 '믿음', 즉 '신信'이다.

붕우 관계는 일회적인 만남이 아니라, 신뢰를 바탕으로 꾸준히 유지되고 돌봄이 오가는 윤리적 실천이 요구되는 관계다. 그만큼 '신信'은 벗을 벗 되게 하는 도덕적 기반이라 할 수 있다.

2) '덕德'으로 맺고 '신信'으로 지킨다: BTS와 아미의 우정

진정한 벗이란 서로의 '덕德'을 흠모하고, 그 덕을 북돋워 발현하게 하며, 궁극적으로는 서로가 '인仁'을 실천할 수 있도록 도와주는 존재다. 『논어 · 안연』 편에서는 이러한 벗의 역할을 "벗으로써 인을 돕는다[以友輔仁^이우보인]"고 표현하고 있다.

벗은 결코 외적인 '부귀富貴'를 보고 사귀는 존재가 아니라, 오직 그 사람의 '덕'을 존중하는 데서 진정한 관계가 시작된다. 이러한 인식 속에서 공자와 제자들은 벗 사이의 '신信'을 배움과 도덕 수양의 핵심 요소로 간주하였다.

이러한 관계의 구체적인 사례는 BTS와 아미가 함께 펼쳐 온 다양한 사회적 실천에서 잘 드러난다. 대표적으로 2017년 11월, BTS는 유니세프와 함께 'LOVE MYSELF' 캠페인을 시작하였다. 이 캠페인은 "자신을 사랑하자"는 메시지를 중심으로 아동 및 청소년 대상의 폭력 근절을 목표로 삼았다. BTS와 소속사 빅히트엔터테인먼트(현 하이브)는 초기에 5억 원을 기부하며 캠페인을 본격적으로 시작했고, 전 세계 아미들은 자발적인 기부와 해시태그 운동(#LoveMyself)을 통해 적극 호응하였다 (UNICEF Korea, 2017).

2021년 기준, 해당 캠페인을 통해 전 세계에서 약 500만 달러(한화 약 60억 원) 이상의 기부금이 모였으며, 이는 BTS와 아미가 함께 이루어낸 도덕적 실천의 대표적인 성과라 할 수 있다(UNICEF 공식 보도자료, 2021.10.06.).

또한 아미들은 BTS의 음악과 메시지를 삶의 윤리적 지침으로 삼아, 전 세계 곳곳에서 자발적인 기부와 봉사 활동을 전개해 왔다. 예컨대 2020년, 미국 내 흑인 인권 운동인 Black Lives Matter(흑인의 생명도 소중하다) 캠페인에 BTS가 100만 달러를 기부하자, 전 세계 아미들도 자발적으로 같은 금액을 모금해 함께 기부하며 선한 영향력을 실천했다(Variety.2020.06.08.).

이러한 활동들은 BTS와 아미의 관계가 전형적 팬덤 문화를 넘어, '덕德'을 중심으로 서로의 신념을 북돋고 도덕적 실천을 함께 이어가는 '붕우유신朋友有信'의 현대적 구현임을 보여준다. 이들의 관계는 유가 전통에서 강조한 '벗의 도리' 즉 인격과 신뢰를 중심으로 한 도덕적 공동체가 오늘날에도 여전히 유효하다는 사실을 생생하게 증명하고 있다.

이처럼 유가에서 말하는 '신信'은 약속 이행에 국한된 개인적 도덕규범을 넘어선다. '신'은 사회적 관계 속에서 상호성에 기반한 도덕적 성실함으로, 추상적이거나 일방적인 명제가 아니라, 상대에 대한 책임, 존중, 그리고 실천을 수반하는 감정적·윤리적 행위로 이해된다(조현설, 2008). 유가에서 '신'은 거짓을 피하는 수준에 머무르지 않고, 타자와의 관계 안에서 믿음을 형성하고 유지하는 실천적 태도로 강조되며, 끊임없는 자기 수양과 상호 돌봄의 과정을 통해 실현된다(최영진, 2012).

'충서忠恕'의 도덕 감정도 그렇다. '충'은 자신의 마음과 태도에 성실한 자세이며, '서'는 그 마음을 타인에게 확장하여 상대의 입장에서 헤아리는 감정 능력이다. 이 두 감정은 각각 독립된 것이 아니라 유기적으로 맞물려 '인仁'이라는 궁극적 도덕 이상을 실현하는 쌍방향 윤리 감정이다.

공자는 이를 다음과 같이 정리한다.
"내가 원하지 않는 바를 남에게 베풀지 말라[『論語논어·顏淵안연』: 己所不欲기소불욕 勿施於人물시어인]."
이것이 道도의 중심이다. 또한 '충서'의 실천은 배움의 근본이자 도덕의 완성임을 강조한다.

'신信'은 이러한 '충서忠恕'의 감정 윤리를 바탕으로 꽃피는 덕목이다. '충서忠恕'는 자신의 태도인 '충忠'과 타인에 대한 존중인 '서恕'의 상호성에 기반한 도덕 덕목이다. '충서忠恕'는 안으로는 자기 수양을, 밖으로는 타인을 헤아리는 태도를 의미한다. 자기를 사랑하는 마음으로 남을 사랑하는 것은 서로가 각자의 욕구 체계를 이해한다는 상호 이해의 원칙 위에 선다. '충서忠恕'는 나와 타인 간 행위에서 일어나는 배려와 이해를 말하며, 인간의 보편성에 기대어 공동체의 기반이 되는 도덕으로 작동한다. '충서忠恕'는 구체적인 상황에서 적용되는 실질적 윤리다(김형효, 2003).

'충서忠恕'는 '인仁'을 실천하는 방법으로서 방향성에 있어서 상호적이며 쌍무적이다. 이는 '충서忠恕'의 실천이 한쪽의 일방적인 선의가 아니라, 서로의 감정을 주고받는 '상호 순환적' 구조라는 뜻이다. 이러한 정감의 흐름은 호혜적인 관계 속에서 '은혜'를 주고받는 행위로 나타난다.

'충서忠恕'가 상대에 대한 이해와 배려로 순환하는 것처럼, '신信'도 쌍무 간에 도덕적 의무가 상호 작동한다. 도덕적 의무는 자신이 수행해야 하는 일이자, 동시에 타인이 그 이행을 기대할 수 있는 상호 요구의 성격을 지닌다. 특히 도덕적 의미의 의무는 "해서 마땅한 일"이자 "덕 있는 사람이 하는 일"로 정의되며, 수평적 관계일수록 더 중요하게 작용한다(최영갑, 2006). 친구나 동료 관계처럼 상호성이 강조되는 사이에서는 '신信'이라는 도덕적 의무의 실천이 관계 지속의 조건이 된다. 만일 '믿음'이 깨지면 관계의 유지 자체가 불가능하다.

인류의 고전으로 평가받는 단테^(Dante, 1265~1321)의 『신곡』은 총 3편-지옥, 연옥, 천국-으로 구성되어 있으며, 이 중 '지옥' 편은 죄의 무게에 따라 9개의 원(圓)으로 나뉘어 있다. 단테는 이 지옥의 가장 아래, 9번째 원에 '배신자들'을 배치함으로써, 그가 배신을 인간 사회에서 가장 중대한 죄악으로 간주했음을 드러낸다. 배신은 단순히 개인 간의 갈등을 넘어서, 공동체의 기반인 '신뢰'를 근본부터 무너뜨리는 행위이기 때문이다. 단테가 보기에, 신뢰를 배반한 사회는 단순한 혼란을 넘어 도덕적 지옥으로 전락하게 된다. 이처럼 『신곡』의 지옥도는 단순한 종교적 상상이 아니라, 도덕적 공동체를 지탱하는 핵심 원리가 무엇인지 문학적으로 상징화한 구조다. 특히 오늘날처럼 신뢰가 무너진 사회적 현실 속에서, 단테가 배신을 '지옥의 가장 밑바닥'에 둔 상징성은 지금 우리의 윤리적 성찰에 강한 경고음을 던져준다(김범준, 2024).

'믿음'은 사회적 안정과 화합의 핵심 요소이며, 인간관계를 이루는 근간이다. BTS와 아미의 관계에서 보이듯, 상호 간의 신뢰를 기반으로 한 연대는 위기 속에서도 흔들리지 않는다. 이처럼 '믿음'은 관계를 유지하는 윤리적 힘이자, 관계의 회복을 가능하게 하는 기반이 된다.

도덕은 언제나 관계 속에서 드러나며, 도덕적 의무는 타인과의 쌍방적 계약으로 성립된다. 이는 단지 외재적 강제가 아니라, 서로의 권리와 책임을 전제로 작동하는 규범이다. 수직적 구조보다 수평적 관계일수록 '신信'은 더 절실한 윤리로 작동하며, 감정적 신뢰와 실천적 성실성을 요구한다. 친구 간의 믿음처럼, '신信'은 감정적 투자와 윤리적 책임을 함께 지닌 덕목이다.

이러한 점에서 방탄소년난과 아미의 관계는 '신信'의 윤리와 '충서忠恕'의 감정이 어떻게 현실 속에서 구현될 수 있는지를 보여주는 생생한 예이다. 스타와 팬이라는 수직적 구조를 넘어, 이들은 서로에 대한 신뢰와 책임을 실천하며 수평적 공동체를 형성했다. 아미는 방탄소년단의 메시지에 감응하며 자기 수양과 타인에 대한 배려를 실천했고, 방탄소년단 또한 팬들의 이야기에 귀를 기울이며 '서恕'의 태도를 보여주었다. 이들은 친구처럼 연결된 공동체 안에서 윤리와 감정이 순환하며, '신信'과 '충서忠恕'로 굳건히 다져진 신뢰의 공동체를 만들어냈다.

온라인 네트워크가 끌어 올린 문화의 구성 방식

'문화'는 본디 특정 지역과 생활양식의 맥락 속에서 형성되고 축적되는 것이기에, 장소성과 지역성을 기반으로 한다. 그러나 오늘날과 같이 온라인 네트워크가 활성화된 시대에 이르러, 문화는 지식과 정보의 흐름에 의해 추동되며 시공간을 초월하여 빠르게 확산되고 있다. 온라인 사회는 기존의 경계가 허물어진 공간이다. 물리적 거리는 의미를 잃었고, 실시간으로 전 세계가 연결되는 환경 속에서 세계는 압축된 하나의 장소로 재편되고 있다.

이처럼 변화된 문화의 구성 방식은 '세계화'를 중심에 두고 해석할 수 있다. 특히 '자본', '소통', '정체성'이라는 세 가지 축을 중심으로 문화의 확산 양상과 그 의미를 파악해야 한다는 주장이 제기된다(박길성, 2007). 오늘날의 문화는 특정 지역이나 연고에 기반한 특수성이 약화되었으며, 탈지역화와 탈영역화를 통해 새로운 방식의 문화적 상호작용이 가능해졌다. 지역성과 연고가 느슨해지면서, 문화는 전 지구적 차원에서 서로 영향을 주고받으며 복합적으로 확산되고 있는 것이다.

이 가운데 가장 많은 논란을 낳는 것은 바로 문화의 '자본화' 현상이다. 이는 문화가 지닌 본래의 가치보다는 생산자본으로서의 기능에 초점을 맞춘 관점이다. 문화를 순수한 인간 경험의 산물로 보느냐, 아니면 이윤 창출의 수단으로 보느냐에 따라 문화는 전혀 다른 방식으로 이해된다. 특히 문화를 상품화하고 상업적 경쟁의 대상으로 삼을 경우, 문화의 순수성은 왜곡되고 변질될 우려가 있다. 결국 이는 문화의 본래적 가치를 훼손하는 결과로 이어진다.

문화 훼손은 '도덕적 양심'의 결여로부터 비롯된다. 문화가 자본의 논리 속에서 상품으로만 소비될 때, 그 고유한 의미는 사라지고 만다. 그러나 문화는 자본적 가치로 환원되지 않는, 고유하고 독립적인 가치를 지닌다. 따라서 우리는 문화가 지닌 '그대로의 가치'에 더욱 관심을 기울여야 하며, 자본 중심의 논리를 경계할 필요가 있다.

한편 문화의 '소통'은 그 상호성과 관련된다. 소통은 문화 간 교류와 상호작용을 가능케 하며, 이는 인간 삶의 근본적인 양식이기도 하다. 온라인 네트워크의 확장은 소통의 외연을 넓히고, 문화 교류의 폭을 한층 확대하였다. 이제 세계 어느 지역이든, 어느 시간이든, 우리는 실시간으로 소통할 수 있으며, 이를 통해 서로 다른 문화적 배경을 지닌 이들과의 만남과 이해가 가능해졌다.

마지막으로 문화의 '정체성'은 사회적 삶 속에서 구성된 상징적 의미 체계이다. 정체성은 개인이 자신과 타인을 이해하고, 사회 안에서 자신을 정당화하는 데 중요한 역할을 한다. 세계화 시대에 접어들면서, 사람들은 자신의 거주지를 넘어 타 지역의 문화와 정체성을 이해하게 되었고, 이는 또 다른 문화적 자각과 성찰을 불러왔다.

물론 이러한 과정에서 고착된 정체성은 타 문화를 배척하거나 경계하는 양상을 보이기도 한다. 그러나 진정한 세계화는 문화 간 차이를 인식하고, 그것을 존중하는 태도 속에서 가능하다. 문화는 섞이고, 융합되며, 상호 이해와 존중을 통해 새로운 정체성을 만들어 간다. 우리는 이러한 흐름 속에서 자문화를 성찰하고, 타문화를 포용하는 방향으로 문화적 자율성을 확대해야 할 것이다.

IV

BTS와 아미,
함께 걷는 도덕적 연대의 길

01

'동맹'을 넘어서는 윤리적 연대

"방탄소년단, K팝을 넘어 세계 정상으로 한국 가수 최초 빌보드 정복 …… 콘크리트 팬덤 입증"(《컬처 앤 라이프》, 2018.05.30)[15]

이 기사 제목은 BTS의 팬덤인 아미ARMY의 위상을 단적으로 보여준다. 팬덤은 스타와의 거리를 좁히려는 능동적 참여에서 출발하지만, 때로는 배타성이나 폭력성과 같은 부정적 양상도 나타난다. 그런데도 스타와 소통하며 서로 힘이 되어 주는 점에서 팬과 스타의 관계는 긍정적인 상승효과, 즉 '시너지

---

15) "방탄소년단, K팝을 넘어 세계 정상으로 한국 가수 최초 빌보드 정복 …… 콘크리트 팬덤 입증"
→ 출처: 《컬처 앤 라이프》, 2018.05.30.

synergy'를 일으킨다. 그러나 이러한 시너지는 반드시 '신뢰'라는 기반 위에 생성된다. 또한 '신뢰' 없이는 효과를 지속해낼 수도 없다.

BTS와 아미ARMY는 바로 그 신뢰를 바탕으로 한 긴밀한 연대를 형성해 왔다. 이 신뢰는 표면적 인기나 감정적 팬심 이상의 윤리적 결속과 도덕적 연대로 이어진다. 그렇게 형성된 연대는 아미ARMY라는 팬덤의 외연을 넓히는 데 그치지 않고, 지속성과 견고함을 지니게 했다.

아미ARMY는 여타 팬덤처럼 앨범 구매와 홍보 활동 등에 열정적으로 참여할 뿐 아니라, 그에 국한되지 않는 더 넓은 역할을 자발적으로 감당한다. 한국어 가사를 각국의 언어로 번역해 전파하고, BTS의 음악을 기존 'K-POP'의 틀에서 분리해 'BTS팝'이라는 독자적 장르로 명명하기도 한다(《연합뉴스》, 2017.11.05).[16] 이는 BTS의 음악적 정체성과 사회적 메시지를 더욱 정확하게 전달하려는 노력의 일환이다.

아미ARMY는 BTS가 자작곡, 직접 프로듀싱, 사회적 메시지를 담은 노랫말을 통해 독보적 색깔을 갖췄다고 주장하며, 서구

---

16) "한국어 가사를 각국의 언어로 번역… BTS팝이라는 장르로 명명"(《연합뉴스》, 2017.11.05)
  → 출처: 《연합뉴스》, 2017.11.05.

대중이 이를 'K-POP'이라는 익숙한 틀에 가두는 것을 경계한다(이지행, 2019).

이처럼 BTS의 음악과 가치를 적극적으로 확장하는 아미는 감정적 지지에 머무는 집단이 아니라, 문화 생산자이자 가치 전파자의 역할을 수행하고 있다. 아미ARMY는 이제 BTS의 콘텐츠를 소비하는 데 그치지 않고, 직접 새로운 콘텐츠를 제작하고 유통하는 생산자이자 '크리에이터'다. 공연 영상이나 방송 자료를 재구성해 만든 2차 콘텐츠는 전 세계의 팬들과 공유되며, 전파력과 영향력을 확장한다.

국내외의 수많은 아미ARMY는 이러한 활동을 통해 서로 연대하고 협력한다. 새로 팬덤에 합류한 이들은 기존의 콘텐츠를 소비함으로써 연결되고, 점차 생산자로 성장하기도 한다. 이렇게 생성과 소비가 순환되며 형성된 관계망은 BTS 팬덤의 질적, 양적 성장을 지속시키는 원동력이 되었다.

이 다층적 활동과 연대의 중심에는 언제나 BTS가 있다. SNS, 유튜브, 다양한 디지털 플랫폼을 통해 세계로 확산한 BTS의 메시지와 실력은 국경과 언어, 문화를 초월하여 수많은 이들의 마음을 움직였다. 화려한 성취에도 불구하고 BTS는 언제나 팬들에게 감사를 전하고, 아미ARMY를 언급하며 그 존재를 기억한다. 이는 절대적인 '신뢰'를 가능케 하는 순간이며, 팬덤을 더욱 공고하게 만든다.

결국 BTS와 아미^{ARMY}의 관계는 통상적인 팬-스타 관계를 뛰어넘는 것이 아니라, 일종의 '동맹^{同盟}' 관계라 할 수 있다. 동맹은 공동의 이익이나 목적을 위해 행동을 함께하기로 한 약속이다. 그러나 진정한 동맹은 단기적 이해관계를 초월해, 장기적인 상호 의존성과 공유된 규범 및 가치관 위에서만 지속될 수 있다 (S.M. 월트, 2024).

BTS와 아미^{ARMY}는 음악을 매개로 한 상호 의존을 기반으로, 도덕적 가치와 신뢰를 공유하는 공동체를 형성했다. 이들의 관계에는 '신^信[신뢰]'과 '충서^{忠恕}'가 작동하며, 서로를 지탱하는 윤리적 힘으로 기능한다. 이 도덕적 자본은 공동체를 지속시키는 강력한 자원이자, BTS와 아미를 무너뜨릴 수 없는 최강의 드림팀으로 만드는 원천이 되었다.

공존을 위한 '함께 살기'의 기술

BTS와 팬덤 아미^{ARMY}의 관계는 기존 연예인-팬의 위계적 틀을 넘어, 사회 속에서 수평적이고 상호적인 관계로 자리 잡았다. 이와 같은 수평적 관계는 유가^{儒家}의 실천 덕목 가운데 하나인 '신^信[신뢰·신의]'에 깊이 뿌리를 두고 있다. '신^信'은 개인 간의 평등한 관계 속에서 작동하는 도덕규범으로, 공동체 안에서 신뢰를 바탕으로 상호 간 책임과 의무를 자각하게 만든다.

도덕규범으로서의 '신^信'은 인간이 마땅히 실천해야 할 바람직한 행위를 지시할 뿐 아니라, 최소한 해서는 안 될 것들을 제시하며 윤리적 경계선을 긋는다. 특히 '신^信'은 함께 살아가는 공동체 안에서 서로를 향한 연대감과 신뢰를 지속적으로 확인시키는 중요한 매개 역할을 한다. 여기엔 '변하지 않을 것'이라는 미래지향적 약속이 포함되어 있으며, 이는 타자에 대한 책임을 동반한 도덕적 헌신을 가능케 한다.

영국의 사회학자 앤서니 기든스^(A.Giddens, 1938~)는 "친밀감은 신뢰의 골자"라고 말한다. 친밀감은 그 자체로 관계의 농도를 보여주는 지표이며, 신뢰를 바탕으로 쌓인 친밀감은 집단이나 조직을 더욱 견고히 만든다. 그러나 친밀감이 깊어질수록 개인이 져야 할 책임과 의무 또한 증가한다는 점을 간과해서는 안 된다. 결국, 인간은 '나의 곁에 누가 있는가?'를 통해 '나는 누구인가?'라는 질문에 답하게 된다. 자신이 속한 연대 안에서 자신의 위치와 정체성을 확인하며, 그 연대를 더욱 소중히 여기게 되는 것이다.

BTS와 아미^{ARMY} 역시 이러한 신뢰와 친밀감을 바탕으로 상호 간의 도덕적 연대를 실천하고 있다. BTS는 SNS와 공연, 음악을 통해 자신들이 '평범한 존재'임을 끊임없이 고백하며, 팬들과의 거리를 좁혀 왔다. 《Anpanman》이라는 곡에서는 "우리는 슈퍼맨이 아니지만, 상처받은 이들을 위해 노래로 위로하겠다"는 다짐을 담아낸다. 그들의 고백은 수줍지만 진솔하고, 따뜻하다. 이 곡은 평범한 존재로서 느끼는 무력감과 동시에 그

럼에도 누군가에게 힘이 되고자 하는 진심이 담겨 있다. 영웅의 자격에 대한 회의와 더불어, '믿어 달라'는 간절한 요청은 도덕적 책임감과 진정성을 함께 전한다.

BTS는 자신의 성공이 오직 노력[忠]과 처음 가졌던 신념[信], 그리고 팬들과의 진심 어린 소통에서 비롯되었다고 말한다. 리더 RM은 한 인터뷰에서 BTS의 성공 비결을 이렇게 요약했다. "노력[忠충], 신념[信신], 진심[誠성], 팬들과의 소통[信신], 그리고 실력[忠충]"이라며, 신념과 진정성을 중심으로 자신들의 행보를 설명했다.

그들의 신념은 팬들을 향한 메시지 속에서 분명하게 드러난다. '우리 평생 같이 걸어가자', '믿으니까 둘 셋', '우리가 함께하는 지금, 화양연화' 등은 감동을 유도하는 말 이상의 의미를 지니며, 신뢰를 바탕으로 한 도덕적 약속을 불러낸다. 이 약속은 일방향적인 스타와 팬의 관계를 넘어, 서로가 서로의 존재 이유가 되어 주는 '공생'의 관계로 확장된다.

도덕적 신뢰는 특정 인물이나 집단에 대한 맹목적 추종이 아니다. 그것은 상호 호혜성이 결여된 상황에서도 타인을 배려하고 돕고자 하는 윤리적 태도, 즉 '도덕적 헌신'에 기반한다. 이러한 신뢰는 인간 본성에 대한 긍정적 믿음 그리고 모든 인간이 도덕적 가치를 공유하고 있다는 전제에서 비롯된다.

BTS는 이 도덕적 신뢰를 실천하기 위해 콘서트가 끝난 이후에도 팬들을 향한 메시지를 끊임없이 전한다.

"영원을 말할게, 변하지 않을게",
"우리 함께라면 사막도 바다가 돼",
"너희의 영원한 관객" 등은
감동을 유도하는 문장에 그치지 않는다. 그것은 실천이 담긴 윤리의 언어이며, 신념의 언어다.

이러한 신념은 결국 더 좋은 음악, 더 좋은 무대, 더 좋은 삶을 만들겠다는 자신과의 약속이자 팬들과의 약속이다. 그리고 이 꾸준한 다짐과 실천이 오늘날 BTS를 세계적인 예술가로 만든 원동력이다.

중요한 것은 이 관계가 결코 일방적이지 않다는 점이다. BTS는 "아미 없이는 못 사니까"라고 말하고, '아미'는 "방탄 없이 못 살아!"라고 응답한다. 이들은 서로의 존재 이유가 되어 주며, 상호 간에 힘이 되는 관계로 발전했다.

생태학적으로 공생이란 서로 다른 존재들이 영향을 주고받

으며 균형을 이루는 관계다. BTS와 아미^{ARMY}의 관계는 그중에
서도 서로에게 이익을 주는 '상리공생_{相利共生}'의 형태에 가깝다.
이 공생은 협력과 신뢰, 그리고 도덕적 연대를 바탕으로 형성
되며, 서로를 더욱 강하게 만들고 함께 찬란한 시절을 만들어
간다.

이처럼 BTS와 아미^{ARMY}는 함께 성장하고, 함께 존재하며,
서로를 비추는 하나의 빛이 된다.
그들이 함께 써 내려가는 이야기는 찰나처럼 스쳐 지나가는
한순간의 '화양연화_{花樣年華}'가 아니다.
매 순간을 '화양연화_{花樣年華}'로 피워내는,
끝없이 솟아나는 화수분의 이야기다.

03

서로를 비추는 거울, 도덕 행위자의 길

BTS는 SNS, 소셜미디어, 디지털 플랫폼 등 다양한 온라인 네트워크를 통해 친근하고 평범한 모습으로 팬들과 소통해 왔다. 이 따뜻한 소통은 BTS와 아미ARMY 모두를 성장하게 만든 원동력이었다. 서로가 서로에게 위안이자 협력의 대상이 되며, BTS와 아미ARMY는 같은 방향으로 함께 걸어왔다.

BTS가 전하는 메시지는 언제나 꾸준히 '아미ARMY'를 향해 있다. 그들은 매 앨범, 매 노래에 팬들을 향한 사랑과 진심을 꾸준히 담아냈다. 음악은 감상을 위한 것에 그치지 않고, BTS와 '아미'가 서로의 마음을 이어주는 다정한 매개체였다.

《작은 것들을 위한 시》는 BTS에게 있어 아미^{ARMY}가 어떤 존재인지를 상징적으로 보여주는 곡이다. 이 노래는 그들의 시선이 어디를 향하고 있는지를, 그리고 그들이 누구와 함께 걷고자 하는지를 감동적으로 드러낸다. BTS는 팬들의 응원 덕분에 이카루스처럼 날개를 달고 하늘 높이 날 수 있었다고 고백한다.

"태양까지도 닿을 수 있을 거라 생각한 적도 있었지만,
　우리는 우리에게 날개를 달아준 존재가 누구인지 안다.
　팬들이 달아준 이 날개로, 태양이 아닌 팬들에게 날아가겠다."

이 메시지에는 인기가 어디에서 비롯되었는지를 잊지 않겠다는 겸허함과, 그 성공을 누구와 함께 나누고 싶은지를 향한 분명한 의지가 담겨 있다. BTS에게 있어 팬은 수동적 청중이 아니라, 그들을 날게 한 존재이자, 함께 날아오를 동반자인 것이다.

BTS는 이제 세상의 별이 되었고, 수많은 이들에게 빛이 되었다. 그럼에도 불구하고, 그들의 시선은 언제나 아미^{ARMY}를 향해 있다. 팬들이 자신들을 지켜준 것처럼, 자신들 또한 팬들을 지켜주겠다는 약속을 조용히, 그러나 꾸준히 지켜간다.

그들의 관심은 거대한 세계 질서나 권력의 중심이 아니다. 오히려 그들의 시선은 팬들의 상처에 머무르며, 아픔을 함께 나누고 치유하려는 데 있다. 팬들의 고통을 자신의 일처럼 여기고, 그들과 함께 숨 쉬며 살아가는 삶을 '관심'의 중심에 놓는다.

BTS가 실천하는 이 감정적 연대는 통상적인 스타와 팬의 관계를 넘어, 서로의 상처를 알아보고 껴안는 윤리적 연대이자 '신(信)'의 실천이다.

BTS의 음악은 강력한 감정이입의 힘을 지닌다. 그들이 노래하는 주제는 거창하거나 추상적인 것이 아니다. 멤버 각자가 직접 겪은 절망과 고통, 그리고 그 속에서 피어난 희망의 순간들, 팬들과 일상 속에서 나눈 소소한 이야기들이 진솔하게 담겨 있다. 이 진정성은 음악을 듣는 이들의 마음에 깊은 정서적 공감대를 형성하며, 곡과 가수, 그리고 팬이 하나가 되는 일체화의 순간을 만들어 낸다.

특히 BTS의 노래에서 가사는 멜로디만큼이나 중요한 역할을 한다. 그것은 감정을 전달하는 데 머무르지 않고, 가수의 경험과 감정을 재구성해 청자가 자신의 이야기처럼 느끼게 만든다. 이러한 공감은 일시적 감정 반응의 차원을 넘어, 삶의 방향성까지 제시하는 강력한 메시지로 작용한다.

BTS의 노래는 그들 자신의 이야기이자 동시에 팬들의 이야기다. 모두가 그 노래의 주인공이 되는 순간, 음악은 미적 감상의 대상을 넘어, '도덕적 공감'의 장으로 확장된다.

'도덕적 공감'은 타인의 감정을 이해하는 데 그치지 않고, 그 감정을 윤리적으로 수용하고 응답하는 태도이다. 이는 유가 윤리의 핵심 개념인 '충서忠恕'와 깊이 연결된다. '충忠'은 자신에게 충실한 삶을 사는 도덕적 자율성을, '서恕'는 타인의 처지를 내 일처럼 여기는 감정적 공감 능력을 뜻한다. 이러한 '충서忠恕'는 감정의 교환과 이해를 통해 도덕적으로 실천되는 관계 윤리다. 다시 말해, 유가 윤리는 도덕적 감정을 억제하거나 외면하는 것이 아니라, 타자에 대한 섬세한 감응과 자기를 성찰하는 공감의 윤리를 통해 실현된다.

이러한 '도덕적 공감'은 BTS와 아미의 관계 안에서 구체적으로 실현되고 있다. BTS는 자신들의 아픔과 팬들의 고통을 동일 선상 위에 놓고, 그것을 치유와 연대의 감정으로 승화시켰다. 팬들은 BTS의 진솔한 고백에 응답하며, 자신의 경험을 되돌아보고 타인과 연결되는 법을 배워갔다. 이것이야말로 도덕적 공감이 만들어낸 윤리적 순환이며, '충서忠恕'가 현대적 문화 속에서 재해석되고 구현된 사례다.

BTS는 '아미'와 함께 '같이 여기 있기에', 그래서 '서로의 가치'가 더욱 빛난다고 믿는다. 오드리 헵번(A. Hepburn, 1929~1993)은 "인생에서 가장 중요한 단어는 '서로'다"라고 말했다. '너와 나, 함께라면 웃을 수 있다'는 그들의 다짐은 '서로의 손을 놓지 말자, 우리는 서로의 의지가 되자'는 약속으로 이어진다. 이제 둘의 관계는 일방적인 팬과 아티스트를 넘어 서로의 삶에 영향을 주고받는 동반자의 관계가 되었다. BTS와 '아미'는 서로의 북극성이 되었으며, '방탄'이라는 은하수에 '아미'라는 별들을 심어 함께 하늘을 날게 되었다. '어제, 오늘, 내일', 서로가 서로에게 '삶의 의미'가 된 것이다.

이러한 관계 속에는 감정적 공감을 넘어서는 더 깊은 윤리적 연결이 있다. 그것은 서로의 존재를 윤리적으로 존중하고, 타인의 고통에 능동적으로 응답하려는 '도덕적 공감'이다. 유가의 '충서忠恕'는 이러한 도덕적 공감의 고전적 토대를 제공한다. '충忠'은 자신에게 진실한 태도를, '서恕'는 타인의 마음을 내 마음처럼 여기는 '도덕적 감응'을 말한다. BTS와 '아미'는 서로에게 기댈 뿐 아니라, 서로의 마음을 진심으로 들여다보며 위로하고 응답해 왔다. 이 관계는 곧 유가 윤리가 지향하는 '타자에 대한 배려와 공감'의 이상이 현실 속에서 구현된 사례다. 서로의 고통을 공감하고, 서로의 기쁨을 함께 나누는 이들은 도덕적으로 연결된 공동체를 만들어 간다.

음악은 대중에게 보이지 않는 힘, 곧 '정신 에너지'를 전달한다. BTS의 노래는 절망 속에 있던 사람들에게 희망을 꿈꾸게 하고, 상처를 치유하며, 새로운 삶의 가능성을 열어 준다. 이 정신 에너지는 외부의 소리[음악]가 우리의 감각과 마음에 반응해 생겨나는 것으로, 감정과 의식, 사고를 움직이게 하는 원동력이다.

음악은 인간의 내면 감정이 외부 세계에 반응하여 표현된 결과다. 그것은 우리를 위로하고, 삶을 격려하며, 언제나 곁에서 함께하는 친구와도 같다. 노래는 우리 내면에 스며들어 변화를 이끄는 힘이 된다. 이러한 음악의 힘은 격렬하지 않지만 깊고 강하다. 진심 어린 노래는 예술로 승화되며 도덕적 교화를 이루고, 마침내 '천지 간 만물을 화합하게 한다'는 음악의 순기능이 살아 움직이게 된다.

특히 BTS의 음악은 감정적 위안에 머무르지 않고, '도덕적 공감'의 힘을 지닌다. 그들의 노래는 진정성 있는 경험과 감정의 공유를 통해 청자로 하여금 '타인의 감정을 나의 일처럼 여기는 윤리적 감응'을 일으킨다. 이는 유가의 '충서忠恕' 정신과도 깊이 닿아 있다. 진정성 있는 음악은 때로는 삶의 기준이 되기도 한다. 가수의 진정성이 일회성이 아니라는 믿음이 생기면, 그것은 사람들의 삶을 변화시키는 도덕적 동력이 된다. 가수가 팬을 향해 부르는 노래, 그 안에 담긴 위로와 진심은 팬들에게 무한한

'신뢰'를 불러일으킨다. 이는 표면적인 감정의 소통을 넘어선 '충忠'의 실천이며, 타인의 감정을 헤아리는 '서恕'의 응답이다. 자신들을 지지하고 사랑해 주는 이들에게 자신들의 마음을 다해 노래하는 것, 그것이 바로 '충서忠恕'이며, 곧 도덕적 공감이다.

이렇게 BTS와 '아미'는 '서로의 달, 서로의 의지가 되어, 서로를 믿고 응원하는' 관계로 발전했다. 이제 그들은 전통적인 팬덤의 틀을 넘어, '도덕 행위자'로 거듭났다. '도덕 행위자[17]'란 도덕적 원리에 따라 옳고 그름을 판단하고, 자율성과 양심에 따라 행동하는 사람을 뜻한다. 도덕적 판단은 특정한 목적을 위해 임의로 적용되는 규칙이 아니라, 일관되고 지속되는 하나의 윤리 원칙이어야 한다. 도덕 행위자는 외적 자극이나 감정적 충동에 따라 움직이지 않고, 자신의 내면 윤리를 기준으로 행동하는 자율적 인간이다. 그는 도덕의 권위를 내면화하고, 반성적 윤리관을 바탕으로 윤리적 의무를 수행한다(도성달, 2011).

결국 '도덕 행위자'란 도덕적 이상을 실현할 수 있는 내면의 도덕성을 지닌 사람이며, 그 시작은 개인에서 출발하지만, 그 궁극은 공동체 전체의 도덕성을 완성하는 데 있다. 그 과정에서

---

17) 도성달(2011). "도덕 행위자란 내면 윤리를 기준으로 행동하며, 외적 자극보다 자기 성찰에 근거한 윤리 실천을 추구하는 존재이다." - 『윤리학 그 주제와 논점』에서 발췌 및 재구성.

반드시 필요한 것이 바로 '충서忠恕'이다. 그것은 국가에 대한 맹목적인 '충성忠誠'이 아닌, 위계적이고 수직적인 충성이 아닌, 상호 존중과 진심에서 비롯된 '마음의 윤리'로서의 '도덕적 공감'이다.

이런 점에서 BTS와 '아미'는 감정적 유대에 머무는 관계를 넘어서, 서로의 거울이 되어 주는 도덕 행위자라 할 수 있다. 그들은 서로를 통해 자신을 돌아보고, 더 나은 존재로 거듭나려는 윤리적 실천을 계속해 나가고 있다.

BTS가 만든 음악과 메시지, 그리고 그것을 수용하고 확장해 가는 '아미'의 행동은, 감정이 순간적 반응을 넘어서 윤리적 삶을 가능케 한다는 것을 보여준다. 음악은 그 매개이며, '도덕적 공감'은 그 실천 방식이다. 이 관계 속에서 '충서忠恕'는 추상적인 덕목이 아니라, 실천 가능한 삶의 방식이 된다.

결국 BTS와 '아미'는 서로를 비추는 거울이 되어, 타인의 아픔에 응답하고 자신의 삶을 성찰하며, 함께 성장하는 윤리 공동체를 이루어 간다. 그들은 윤리적 연대의 가능성을 증명하는 21세기형 도덕 행위자들이다. 그리고 이 여정은 지금 이 순간에도 계속되고 있다.

04

함께 한 모든 순간이
'화양연화花樣年華'

'화양연화花樣年華'는 인생에서 가장 아름답고 찬란한 시절을 뜻한다. '화양花樣'은 꽃처럼 곱고 다채로운 모습을, '연화年華'는 시간의 흐름 속에서 빛나는 젊음을 상징한다. 누구에게나 인생의 정점이라 부를 수 있는 그 순간들이 존재하며, BTS에게도, 그리고 아미ARMY에게도 그러한 시절이 있었다.

2013년, 주류의 틀 밖에서 시작한 BTS는 점차 세계를 무대로 활동하는 글로벌 아티스트로 성장했다. 그들은 한국 대중음악의 지형을 변화시켰고, 문화 전반에 걸쳐 의미 있는 흔적을 남겼다. 경제적 파급력은 물론이고, 대중음악이 일회적 소비를 넘어, 사회적 담론의 장이 될 수 있음을 증명했다.

이 여정에서 BTS와 아미ARMY는 서로의 거울이자 동반자였다. SNS를 통한 실시간 교감부터 콘서트장의 열기까지, 그들은 경계를 허문 다양한 방식으로 소통하며 스타와 팬의 새로운 관계 모델을 만들어냈다.

이 관계의 중심에는 언제나 '음악'이 있었다. 『예기·악기』는 "음악은 즐거움 그 자체[樂者악자, 樂也락야][18]"라고 했다. 음악은 감정을 다듬고, 공동체를 하나로 모으며, 사회를 더 나은 방향으로 이끈다. 특히 대중음악은 시대를 반영하고, 때로는 시대를 앞서 이끈다. "음악은 사람의 마음에서 비롯된다[凡音者범음자, 生人心者也생인심자야]"는 말처럼, 음악은 인간 내면의 가장 진솔한 감정에서 태어나 공동체의 도덕적 질서를 조율하는 힘이 된다.

BTS의 음악은 감정을 일깨우고, 정서적 공명을 이끌어냈으며, 이는 감각적 취향을 넘어 윤리적 감수성으로 확장되었다. 감정의 깊은 공유는 결국 도덕적 책임과 실천으로 이어졌고, 그 과정은 '충서忠恕'라는 동양적 윤리로 피어났다.

---

18) 『예기』「악기」: "樂者, 樂也", "凡音者, 生人心者也" — 음악은 사람의 즐거움이며, 인간의 마음에서 비롯된다고 하여 음악의 본질을 설명한 구절이다.

'충서忠恕'의 윤리는 나의 참된 마음을 바탕으로 타인을 이해하는 공감과 정情을 토대로 한다. 정情은 인간 본성의 외적 반응이며, 감정은 타인의 존재에 대한 감응을 통해 형성된다. 이는 타자와의 관계 속에서 윤리적 행위로 구체화 된다.

감정은 때로 관계를 돈독하게 하고, 때로는 충돌을 일으킨다. 그러나 도덕 감정은 단순한 감정의 분출이 아니라, 실천을 동반한 윤리적 에너지다. 우리가 도덕 감정을 품는다는 것은 이미 도덕적 삶을 향한 첫걸음을 내딛었다는 의미다.

이러한 도덕 감정은 꾸준한 실천과 자발성을 바탕으로 한다. 감정은 억지로 만들어지지 않으며, 내면 깊숙한 곳에서 자연스럽게 흘러나온다. 특히 도덕적 당위를 내면화한 감정은 진정한 자율성의 발현이다.

데이비드 흄(D. Hume, 1711~1776)[19]은 도덕의 기반을 공감sympathy에서 찾았으며, 공감을 '개인의 감정을 넘어, 사회적 승인과 비판을 가능케 하는 인간 보편의 감정'으로 보았다. 그는 도덕 감정을 인간 영혼에 내재한 본성의 원리라 설명한다(양진성, 2019).

---

19) 데이비드 흄(David Hume), 『도덕 감정론』 관련 해석: "공감(sympathy)은 단순한 개인 감정이 아니라 보편적인 인간 본성에 기반한 도덕적 감정이다." — 양진성(2019) 논문에 이 개념이 소개됨.

이처럼 도덕 감정의 뿌리는 시간이 쌓인 신뢰, 그리고 지속적인 관계에서 비롯된 성실성이다.

BTS는 자신들의 영향력이 미칠 수 있는 사회적 파장을 인식하고, 이에 따르는 책임을 스스로 감당해 왔다. 그들의 실천은 도덕적 의무의 표현이며, 자율적 윤리의 구현이기도 하다. 철학자 헤겔(G.W.F. Hegel, 1770~1831)은 "도덕성과 사회성은 인간 삶에서 분리될 수 없다"고 했듯이, 윤리적 삶과 도덕적 삶은 결국 하나의 삶으로 통합된다(도성달, 2011).

공동체는 이해와 존중, 그리고 배려를 바탕으로 유지된다. '충서忠恕'는 평등하고 화해적인 관계를 지향하는 상호 윤리이며, 타인을 우선적으로 배려하는 인격적 태도이다.

밀턴 메이어옵(M. Mayeroff, 1925~1979)은 '배려'를 도덕적 가치로 보며, 그것을 타인의 성장을 위한 관계적 실천으로 정의했다(박병춘, 2015). 그의 논의는 '충서忠恕'의 윤리와 깊이 닿아 있다.[20]

'충서忠恕'는 단순한 시혜나 동정이 아니라, 상대를 있는

---

20) 밀턴 메이어옵(M. Mayeroff), 『On Caring』: "배려는 타인의 성장을 돕는 것이다." — 박병춘 (2015) 『배려윤리의 이해』에서 소개됨.

그대로 존중하고, 함께 정의롭고 공정한 길을 모색하는 윤리적 태도다. 이는 자아의 수양을 바탕으로 타자에 대한 배려와 연대로 이어진다.

결국 '충서忠恕'는 사랑이다. 자신을 진정으로 이해하고 사랑하는 데서 출발해, 타인을 향한 깊은 공감과 포용으로 나아간다. 이는 서로의 욕구를 인정하며 함께 살아가는 상호 이해의 윤리다. 이러한 윤리는 인류 보편의 도덕 기반이자, 공동체를 지속 가능하게 하는 힘이다.

BTS는 그들의 영향력이 선한 방향으로 작동하길 바랐다. 그들은 음악에 진심을 담았고, '충忠'의 실천으로 아미ARMY를 위로하며 응원했다. 이 사랑은 팬들의 삶에 깊은 흔적을 남겼고, '충서忠恕'는 그들 관계의 윤리적 핵심이 되었다.

'충忠'은 자신의 진정성, '서恕'는 타인에 대한 존중이다. 배려는 단순한 상호 교환을 넘어, 따뜻하고 섬세한 품위로 이어진다. 이 품위는 사람을 고귀하게 만들고, 삶을 더욱 빛나게 한다.

'충서忠恕'는 '신信'이라는 믿음으로 더욱 공고해진다. 아미ARMY의 일관된 지지와 사랑은 BTS에게 큰 위안이 되었고,

미래를 향한 원동력이 되었다. BTS는 그 고마움을 노래와
무대로 보답하며, 일상에서 진심을 나누었다.

**함께한 모든 순간이 우리에게는
'화양연화花樣年華'였다.
그리고 지금 이 순간도 여전히 그렇다.**

나를 닦아 세상을 품다

    유가가 제시하는 가장 이상적인 인간상은 도덕의 덕목을 실천하여 도덕적으로 완성된 존재다. 도덕적인 인간은 '누구나 내면에 존재하는 도덕을 지향한다'는 자발성을 갖추고 있다. 그러나 "마음이 쫓는 것을 따라도 그 도리에 어긋남이 없다[『論語논어·爲政위정』: 從心所欲종심소욕, 不踰矩불유구][21]."라는 말은 공자와 같은 성인聖人만이 실현할 수 있는 경지다. 사실, 내외적 강제나 의무감에서 비롯된 도덕의 실천은 지속성에 한계가 있을 뿐만 아니라, '위선僞善'에 그칠 위험이 크다. 진실되면서 자연스럽고, 편안하고 즐겁게 실천하는 도덕 행위야말로 '도덕 행위자'로서 가장 이상적인 모습이라 할 수 있다.

---

21) 『논어』「위정」: "從心所欲, 不踰矩" — 공자는 70세가 되어야 마음 내키는 대로 살아도 도를 벗어나지 않는 경지에 이른다고 말한다.

도덕적 존재가 되어야 하는 이유는 공동체에서 개인의 도덕 행위가 공동생활을 순화시키고 삶의 질을 향상하게 하는 동력이 되기 때문이다. 도덕 행위는 공동체의 안정과 '공공선公共善'을 실현하기 위한 책임을 이행하는 것이다. 도덕적 의무를 이행한다는 것은 개인적인 의무뿐만 아니라 사회적 역할도 수행하는 일이다. 인간의 도덕 행위는 타자에 대한 공감과 배려로 이루어지고, '정情'을 나누며, 상호 공경과 보살핌의 정신을 통해 드러난다.

한국 사회는 오랜 역사 속에서 배려와 나눔의 문화를 체득해왔으며, 오늘날에도 이러한 가치는 여전히 우리의 정신 속에 살아 있다. 우리는 유가의 정신을 몸소 실천하며 살아왔다. 예전의 군자君子만큼은 아니지만, 여전히 도덕적 의무와 책임감을 갖고 도덕적 가치를 추구하는 사람들이 존재하고, 그 정신을 잃지 않으려 노력하는 이들이 있다.

그가 곧 도덕적 삶을 실천하는 사람 즉 군자다. 군자는 단순히 지위가 높거나 특권이 있는 사람이 아니다. 군자는 도덕성을 회복하고 실천함으로써 도덕의 가치를 이루어낸 사람이다. 군자는 상대를 대할 때 예의를 갖추고, 공경하며, 겸손한 자세로 임한다. 여기서 '신의信義'로 도덕적 인격을 확립한다. 군자는 현실에서 '인仁'을 행하며, 타인으로 하여금 도덕적 삶을 살 수 있도록 引導^{인도}하는 사람이다.

공자는 도덕성을 함양하고 자각한 군자만이 공정한 제도를 마련하고 정치적 질서와 이상을 실현할 수 있다고 생각했다. 제자인 자로^{子路}가 여쭈었다. "군자가 무엇입니까?" 공자께서 말씀하셨다. "'경敬'으로써 자신을 수양하는 것이다." 자로가 다시 여쭈었다. 이와 같을 뿐입니까? 공자께서 말씀하셨다. "자기를 수양하고, 남을 편안하게 해 주는 것이다." 자로가 재차 여쭈었다. "이와 같을 뿐입니까?" 공자께서 말씀하셨다. "자신을 수양하여 백성을 편안하게 해 주는 것이다. 자신을 수양하여 백성을 편안하게 해 주는 것은 요임금과 순임금도 근심하셨다[『論語논어·憲問헌문』: 子路問君子^{자로문군자}, 子曰^{자왈} : 脩己以敬^{수기이경}. 曰^왈 : 如斯而已乎^{여사이이호}, 曰^왈 : 脩己以安人^{수기이안인}. 曰^왈 : 如斯而已乎^{여사이이호}, 曰^왈 : 脩己以安百姓^{수기이안백성}. 脩己以安百姓^{수기이안백성}, 堯舜其猶病諸^{요순기유병저}!][22]

군자는 자신의 도덕적 삶을 통해 타인을 교화시킨다. 자신이 완성한 덕성으로 가정, 국가, 나아가 천하를 다스리려는 '人道^{인도}'를 실현하고자 노력한다. '수기안인^{修己安人}'과 '수기안백성^{修己安百姓}'은 자기 수양이 사회로까지 확장되어, 마침내 '치인

---

22) 『논어』「헌문」: "脩己以敬 … 脩己以安百姓, 堯舜其猶病諸" — 자로가 군자란 어떤 사람인가 묻자, 공자가 자기를 닦아 백성을 편안하게 하는 자라고 답한 구절이다.

治人의 과정과 '인류애人類愛'로 완성될 수 있음을 시사 한다. 자기의 덕성을 완성한 결과는 보편적인 사랑인 '인류애'로 나타난다.

도덕적인 존재로서 군자는 도덕을 실천하여 내면적인 인격 세계를 이룬 사람이다. 군자는 인간의 본질적 의미를 파악하며, 도덕의 근원과 가치를 찾기 위해 노력했다. 나아가 도덕을 실천할 수 있는 공부의 출발점을 개척하고, 이론에 그치지 않고 실제로 도덕을 실천함으로써 '지행합일知行合一'을 이루어냈다. 이를 통해 유가 공부의 목표가 실현이 가능한 것임을 보여주었다.

군자가 표방하는 정신은 그들이 사라진 후에도 시대의 가치와 규범으로 남아 우리의 정신적 근간이 되었다. 그들이 살아간 삶의 가치는 역사와 사회, 그리고 개인의 삶 속에서 여전히 살아 숨 쉬고 있으며, 우리에게 도덕적 가치를 실천해야 할 이유를 끊임없이 일깨워 준다. 그 정신을 따라가는 삶이야말로 우리가 지켜야 할 진정한 가치다.

'피, 땀, 눈물'의 끝에서
다시 만난 '화양연화花樣年華'

'피, 땀, 눈물'

세 단어만큼 BTS의 여정을 온전히 설명할 수 있는 말이 있을까? '피, 땀, 눈물'은 흔히 겪는 고생담과는 다르다. 열정과 인내, 좌절과 희망, 실패와 성장을 모두 품은 깊은 의미다.

BTS는 데뷔 초 무명의 긴 어둠 속에서 피를 흘렸고, 세상의 편견과 냉소 속에서 땀을 흘렸으며, 때로는 서로의 어깨에 기대어 눈물을 삼켰다. 그러나 그 모든 시간이 있었기에 오늘의 BTS가 존재한다. 진심으로 쌓아 올린 시간은 결코 헛되지 않았고, 그 끝에서 우리는 다시 '화양연화花樣年華'를 마주하고 있다.

'피, 땀, 눈물'의 여정 끝에는 즐거움, 곧 락樂이 있었다.

유가의 전통에서도 노동과 수양은 도덕과 즐거움으로 이어진다. 수고로운 길 위에서 우리는 자신을 단련하고, 타인을 이해하며, 공동체의 조화를 이룬다. BTS의 음악과 메시지는 바로 이 길에서 아미^{ARMY}의 손을 잡았다. 그 여정의 마지막에 다다른 우리는, 환희에서 공감으로 이어지는 찬란한 감정의 정점을 경험했다. 그것이야말로 진정한 '화양연화花樣年華'였다.

그 여정은 우리를 변화시켰다.

BTS의 노래를 들으며 우리는 때로 웃고 울고, 마음 깊은 곳을 들여다보았다. 자신의 상처를 돌아보고, 타인의 아픔을 상상하며, 누군가에게 위로의 말을 건넸다. 이 작은 움직임들이 바로 도덕 감정의 시작이었다. 그 감정은 누구에게나 내재된 인간다움이며, BTS는 그 본성을 음악으로 일깨웠다.

2022년, 정국이 월드컵 개막 무대에 섰을 때[23], 그것은 단지 스타의 등장이 아니었다. '피, 땀, 눈물'로 상징되는 그 모든 여정이 세계 무대에서 존중받았다는 증거였다. 마르코 발리치 감독이 말했듯, 그 무대는 다양성과 평화를 기리는 자리였고, 정국은 그 상징의 중심에 있었다. 여러 억측이 있었지만 진실은

---

23) "현대차 스폰서 힘?"...日 누리꾼, 정국 월드컵 무대 폄하 《매일경제》, 2022.11.21.

명확했다. 그것은 BTS가 일궈낸 진정성의 결과이며, 팬들이 보낸 신뢰의 응답이었다.

그 신뢰와 기다림의 바탕에는 '충서忠恕'가 있다.

BTS는 아미를 믿고 이겨냈고, 아미는 그들의 복귀를 묵묵히 응원하며 기다렸다. '충'은 진심을 다해 성실하게 임하는 것이고, '서'는 상대의 입장에서 나를 되돌아보는 것이다. 이 윤리야말로 '피, 땀, 눈물'의 정신이며, BTS와 아미가 함께 걸어온 길이다.

이 이야기는 아이돌과 팬의 관계로만 이해될 수 없다. 이것은 교육의 이야기며, 윤리의 이야기고, 인간다움에 대한 성찰이다.

BTS는 말로 가르치지 않았고, 아미는 머리로 배우지 않았다. 그들은 함께 느끼고, 함께 울며, 함께 걸었다. 그 과정에서 우리는 스스로를 돌아보았고, 결국 더 나은 사람이 되고자 하는 길에 들어섰다. 이것이 바로 '도덕적 연대'다.

맹자는 말했다.

"사람은 개나 닭을 잃으면 찾지만, 자기 마음을 잃고도 그것을 찾아야 한다는 것은 모른다『孟子맹자·告子上고자상』: 孟子曰

맹자왈 : 人有雞犬放[이유계견방], 則知求之[즉지구지] ; 有放心[유방심], 而不知求[이부지구]."

어쩌면 우리는 어느 순간 마음을 놓치고 살아왔는지도 모른다. 그러나 BTS와 아미의 여정은 그 마음을 되찾는 과정이었다. 누군가의 따뜻한 말, 다정한 시선 앞에서 나의 마음이 움직일 때, 우리는 안다. 도덕 감정은 아직 살아 있고, 서로를 위한 배려는 세상을 움직일 수 있다는 것을.

'피, 땀, 눈물'은 끝이 아니었다.
그것은 새로운 시작이었다. 다시 만난 '화양연화[花樣年華]'는 찰나의 아름다움이 아니라, 지금 이 순간 함께 만들어 가는 현재진행형의 희망이다. 이제는 BTS의 성공을 넘어, 우리 모두의 이야기다. 우리가 서로를 신뢰하고, 공감하고, 응답하는 한, 이 이야기는 계속될 것이다.

우리가 함께해 낼 또 한 번의 '화양연화[花樣年華]'를 위해,

RUN! RUN! RUN! BTS!
호위하라, 아미!

成百曉 譯註, 『論語集註』, 서울 : 傳統文化硏究會, 2002.

成百曉 譯註, 『孟子集註』, 서울 : 傳統文化硏究會, 2007.

成百曉 譯註, 『大學·中庸集註』, 서울 : 傳統文化硏究會, 2007.

순자 지음·김학주 옮김, 『荀子』, 서울 : 을유문화사, 2014.

程顥·程頤 著; 崔錫起외 譯, 『二程全書』, 서울: 傳統文化硏究會, 2019.

黎靖德 編; 王星賢 點校, 『朱子語類』, 北京 : 中華書局, 2007.

| 단행본 |

김범준 저, 『지옥을 다녀온 단테』, 유노북스, 2024.

김승현·정영희 역, 『세계화와 문화』, 서울 : 나남, 2004.

김형효, 『물학 심학 실학』, 화성: 청계, 2003.

도성달, 『윤리학 그 주제와 논점』, 성남 : 한국학중앙연구원출판부, 2011.

도성달, 『서양윤리학에서 본 유학』, 성남 : 한국학중앙연구원출판부, 2013.

소흥렬, 『문화와 사상』, 1993.

송 복, 『동양적 가치란 무엇인가』, 서울 : 미래인력연구센터, 1999.

스티븐 M. 월트 저자·이준상 역, 『동맹의 기원』, 김앤김북스, 2024.

이규탁, 『케이팝의 시대: 카세트테이프에서 스트리밍까지』, 파주 : 한울아카데미, 2016.

이홍우, 『교육의 개념』, 1996.

장원호, 『사이버커뮤니티와 사회계의 변화』, 정보통신정책연구원, 2004.

정일서, 『팝 음악사의 라이벌들』, 서울 : 돋을새김, 2011.

철학문화연구소, 『철학과 현실』, 가을호, 2000.

최영갑, 『공자와 맹자의 도덕철학』, 파주 : 한국학술정보[주), 2006.

채인후 지음·천병돈 옮김, 『공자의 철학』, 서울 : 예문서원, 2012.

키케로 저·임성진 역, 『의무론』, 파주 : 아카넷, 2024.

풍우란 지음·박성규 옮김, 『중국철학사』상, 서울 : 까치, 2015.

한상진 외, 『사회와 과학문명』, 서울 : 나남출판사, 1999.

한홍섭 옮김, 『작자미상 예기·악기』, 서울 : 책 세상, 2007.

헤르만 저·ㅣ 전영애 역, 『데미안』, 서울 : 민음사, 2000.

|논문|

Adorno, Theodor W. (2003). The Culture Industry: Selected Essays on Mass Culture (J. M. Bernstein, Ed.). Routledge.

Dewey, John. (2001). Art as Experience. Perigee Books. (Original work published 1934)

김정수, 「방탄소년단[BTS)에 투영된 정책의 나비효과: 긴급조치 9호는 어떻게 K-Pop의 성공을 가져왔을까?」, 『한국정책학회』2018권 0호, 한국정책학회, 2018.

김정수, 「한류 현상의 문화산업정책적 함의: 우리나라 문화산업의 해외진출과 정부의 정책지원」, 『한국정책학회보』11(4), 2002.

김태선, "교육부문에서 사회자본에 관한 연구동향과 과제", 『교육의 이론과 실천』12(1), 한독교육학회, 2007.

김혜수, 「주자철학의 충서忠恕 개념 분석과 그 윤리학 함의 고찰」, 『中國學報』80, 2016.

문석윤, 「주자에서 도덕 실천과 감정, 그리고 수양의 문제」, 『東洋哲學』第46輯, 2016.

박길성, 「세계화와 문화-자본, 소통, 정체성의 긴장과 이완」, 『세계정치7』28집 1호, 2007.

박종철 외, 「소셜 네트워크 서비스[SNS) 활동이 소비자의 지식창출 및 지속적 사용의도에 미치는 영향」, 『서비스경영학회지』12(4), 한국서비스경영학회, 2011.

서수석 외, 「소셜네트워크의 특성이 소셜커머스 사이트의 신뢰와 구매의도에 미치는 영향」, 『기업경영연구』40(0), 한국기업경영학회, 2011.

손민정, 「대중음악의 음악교육학적, 음악학적 접근 -대중음악의 대학교과를 중심으로-」, 『음악이론연구』14권 0호, 서울대학교 서양음악연구소, 2009.

양진성, 「도덕감정론」, 『한국학중앙연구원 박사학위논문』, 2019.

윤민재, 「신뢰와 사회자본에 대한 사회적 이해」, 『신뢰연구』14[1), 한림과학원, 2004.

윤재상, 「한국 댄스음악의 시대적 스타일 변화 연구: 리듬의 변화를 중심으로」, 『세종대학교 융합예술대학원 석사학위논문』, 2018.

이규탁, 「한국 힙합 음악 장르의 형성을 통해 본 대중문화의 세계화와 토착화」, 『한국학연구』, 2011.

이수완, 「케이팝[K-Pop), Korean과 Pop Music의 기묘한 만남」, 『인문논총』 73[1): 2016.

이영재, 「공자의 恕 개념에 관한 공감도덕론적 해석」, 『한국정치학회보』47[1), 2013, p.40.

장승희, 「유교에서 신뢰의 본질과 신뢰교육 − 『論語』의 '信'개념을 중심으로」, 『윤리연구』, 2015.

장원호, 「사이버 공동체와 사회적 자본」, 『한국경제·사회와 사회자본』, 한국개발연구원, 2007.

정영수, 「악[樂)에 의한 감정 조율 − 『순자』「악론」과 『예기』「악기」를 중심으로」, 『공자학』 30권 0호, 한국공자학회, 2016.

조일동, 「미디어 테크놀로지와 대중음악의 변동에 대한 소고」, 『대중음악』8, 2017.

조현설, 『유학의 언어로 본 한국인의 도덕감정』, 2008.

지봉환, 「대중음악에 나타난 효 의식」, 『청소년과 효문화』20권 0호, 한국청소년효문화학회, 2012.

최영진, 「유교 윤리에서의 신(信)의 개념 연구」, 『동양철학연구』 2012.

최종덕, 「사회자본 형성을 위한 시민교육의 방향」, 『시민교육연구』39[4), 시민교육연구회, 2007.

한상진 외, 『사회와 과학문명』, 서울: 나남출판사, 1999.

한 준, 「신뢰와 조직간 연결망」, 『신뢰연구』11[통합호), 2001.

한경구, 「소통으로의 문화」, 임희섭 외, 『한국의 문화변동과 가치관』, 서울: 나남, 2002.

황성규, 「순자 '악론[樂論)'과 묵자 '비악[非樂)'의 내재적 동일성 고찰」, 『유학연구』 47권 0호, 충남대학교 유학연구소, 2019.

황준성, 「사회적 자본으로서의 신뢰와 한국경제」, 『신뢰연구』15[2), 한림과학원, 2005.

《TIME》, 《Midas》, 《Midas》, 《News1》, 《TV 연예》, 《UPI뉴스》, 《경제주평》, 《국민일보》, 《매일경제》, 《서울경제》, 《시사저널》, 《연합뉴스》, 《중앙일보》, 《컬처 앤 라이프》, 《텐아시아》, 《한국경제》, 《제니스뉴스》.